당신이 보지 못한 한국전쟁
초토화 폭격

당신이 보지 못한 한국전쟁
초토화 폭격

초판 1쇄 발행 2023년 7월 31일

저자 **전갑생 김용진 최윤원**
편집 **조연우**
교정교열·디자인 **조연우**

펴낸이 **김중배**
펴낸곳 **도서출판 뉴스타파**
출판등록 2020년 8월 24일 제2020-000128호
주소 (04625) 서울시 중구 퇴계로 212-13 4층
전화 02-6956-3665
이메일 withnewstapa@newstapa.org

인쇄 (주)아트가인쇄

ISBN 979-11-974123-7-0 03910
이 책은 저작권법에 따라 보호받는 저작물이므로 무단 전재와 복제를 금합니다.

과거 격전이 벌어진 인천 월미도는 이제 수려하고도 고요한 경관을 뽐내고 있다.
나는 그 해변가에서 현장을 거닐었다.
그 순간 세계적으로 어떤 구실로든 이 수려한 반도에 전쟁을 재연할 권리는
누구에게도 없다는 것이 내 가슴을 가득 메웠다.
-왕수쩡 저 〈한국전쟁〉에서

군인들 사이에는 "비기기 위해 죽어야 하나(die for tie)"라는 냉소적인 표현이
유행했다…한국전쟁이 끝나고 휴전이 성립되면서 양 진영 모두 승리를
자축했지만 한반도 분단 상태는 전쟁 발발 이전과 전혀 달라지지 않았다.
-데이비드 핼버스탬 저 〈콜디스트 윈터〉에서

목차

프롤로그   10

미 폭격기, 한반도 상공 날다   31

지옥도   45

악마의 무기, 네이팜   79

폭격과 학살   193

지도에서 지워지다   225

에필로그   292

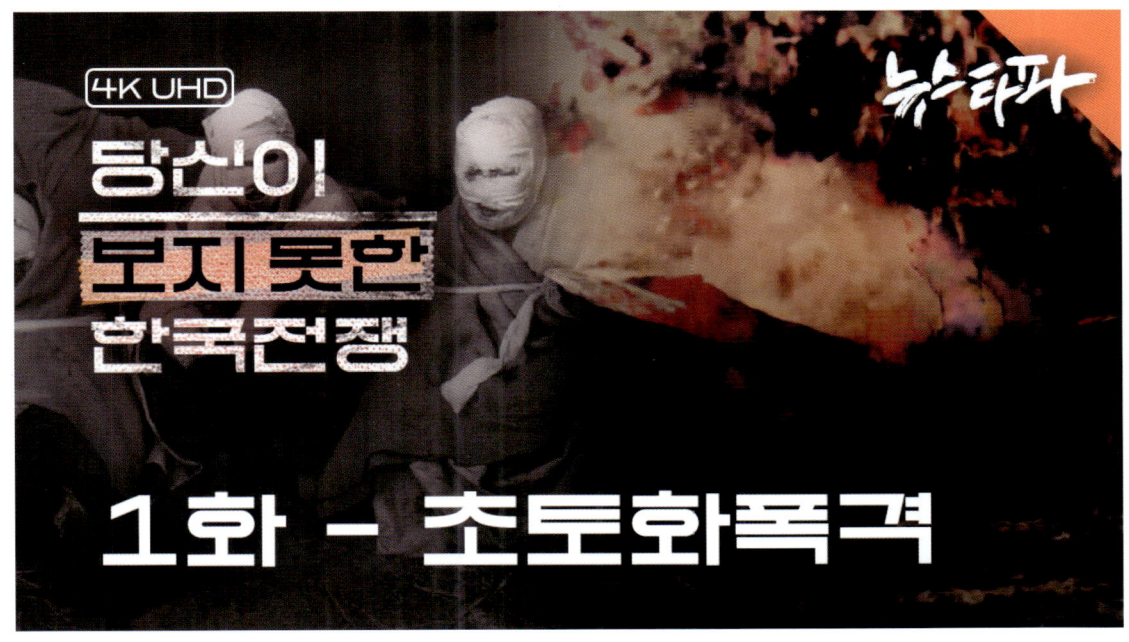

뉴스타파 최초 4K 다큐멘터리 <당신이 보지 못한 한국전쟁> 1화 초토화 폭격

프롤로그

2023년 5월 31일 오전 6시 30분. 인구 천만의 거대 도시 전역에 거친 사이렌 소리가 초여름 새벽 공기를 갈기갈기 찢어놓았다. 마치 오래 전 간혹 울리던 공습 경보 사이렌 같았다. 곧이어 집안에서도 요란스럽게 경보음이 울렸다. 휴대폰에서 나는 소리가 분명했다. 작은 화면에 '경보 발령' '대피' 등의 단어가 어지럽게 떴다. 대피? 천만 시민이 과연 어디로 대피할 것인가?

그날 난데없는 경계경보는 과거 익숙했던 민방위 경보-짜고 치는 경보-와는 다른 서늘함을 몰고 왔다. 민방위의 추억과는 다른, 한국전쟁의 트라우마 같은 것이다. 특수부 검사 출신 대통령이 한반도를 전례 없는 전쟁 분위기 속으로 몰아넣고 있다. 국군 통수권자가 너무 쉽게 핵을 말하고 전쟁을 얘기한다. 우리는 이미 전쟁을 겪었다. 그 끔찍한 피해와 고통은 이루 말로 다 할 수 없다.

1951년 1월, 미 공군 B-29 중폭격기 편대가 북한 상공에서 파괴폭탄을 쏟아붓고 있다-. 군사 목표물을 정밀 타격하는 전술폭격이 아니라 일정 지역을 초토화하는 미군의 융단폭격은 한반도에서 수많은 민간인의 목숨을 앗아갔고 도시기반시설을 완전히 파괴했다. (RG 342-AF-80327AC, NA2)

1952년 7월, 미 공군 31정찰비행대대 RB-29 정찰기가 한반도 상공을 정찰비행하고 있다. (RG 342-AF-82168AC, NA2)

1950년 9월 6일, B-29 중폭격기 편대가 북한 상공에서 융단폭격을 가하고 있다. B-29 폭격기는 1950년 7월에서 8월 사이 무려 2400만 파운드의 파괴폭탄을 쏟아부었다. (RG 342-AF-77453AC, NA2)

한국전쟁 당시 서울 상공에서 미 공군 B-29 중폭격기 관측병이 폭격 지점을 재고 있다. (RG 111-ADC-8146, NA2)

미 공군 B-29 중폭격기가 서울 상공에서 폭탄을 투하하고 있다. 지상에서 막 터진 폭탄 포연이 솟아오른다. (RG 111-ADC-8146, NA2)

1950년 8월 5일, 미 공군 융단폭격으로 서울 용산 일대가 불바다가 됐다. (RG 342-FH, Box 3060, NASM 4A 39047, NA2)

1950년 8월 24일, 미 공군의 북한 원산 지역 융단폭격으로 수많은 버섯구름이 피어오른다. (RG 306-PS-SUB, 50-11002, NA2)

1950년 11월 2일, 미 공군이 서울 한강철교를 집중 폭격했다. 다리 주변 곳곳에 앞선 폭격으로 이미 수많은 폭탄 구멍이 나 있다. (RG 342-FH, Box 3060, NASM 4A 38468, NA2)

1951년 5월 4일, 미 해군 연안전투함 맨체스터(USS Manchester, CL-83)가 발포한 백린탄이 북한 원산 갈마반도에 작렬해 특유의 흰 연기를 내뿜고 있다. 미 해군은 4월 20일 백린탄을 쏜 지 불과 2주 만에 같은 곳에 '악마의 무기'를 사용했다. (NH 97051, NHHC)

1951년 4월 20일, 미 해군 순양함 세인트폴(USS Saint Paul, CA-73)에서 발사한 백린탄(White phosphorus shells)이 북한 원산 갈마반도에서 폭발하고 있다. 긴 백사장이 명사십리다. 백린탄은 네이팜탄과 함께 '악마의 무기'로 불린다. (RG 80-G-K-11864, NA2) (왼쪽 페이지)

톤, 네이팜탄 32,357톤, 로켓 313,600발을 투하했다. 일반 폭탄은 하루 342톤을 썼다. 500파운드 (226.8킬로그램) 기준으로 매일 1500발가량 쏟아부은 셈이다. 네이팜탄은 110갤런(416리터) 대형탄 기준 매일 69발가량 터트렸다. 해군과 해병대 항공기 출격은 뺀 수치가 이렇다.

서울 등 남한 주요 도시는 미군 폭격으로 엄청난 인적 물적 피해를 입었다. 북폭은 훨씬 심했다. 북한 주요 도시는 대부분 파괴돼 지도에서 지워질 지경이었다. 이로 인한 트라우마는 현재 북미 관계를 읽는 코드이기도 하다.

이 책은 한국탐사저널리즘센터-뉴스타파가 미국 국립문서기록관리청(National Archives and Records Administration) 등 해외 각국의 기록관에서 수집한 한국 현대사 관련 영상과 사진, 도면 등을 토대로 정전협정 70년이 넘도록 우리가 제대로 보지 못한 공중폭격의 단면과 전쟁의 본질을 생생하게 들춘다. 정치와 외교 경험이 전혀 없는 검사 출신 대통령이 갑자기 북한을 겨냥해 '선제타격' 운운하는 시대에 반드시 돌아봐야 할 역사다.

한국탐사저널리즘센터-뉴스타파 취재진이 미국 국립문서기록관리청(NARA) 산하 국립공문서관 2관(The National Archives 2)에서 한국전쟁 관련 사진, 영상 자료를 수집하고 있다. (뉴스타파)

1951년 2월, 미 극동공군 19폭격단 B-29 중폭격기가 융단폭격을 가하고 있다-. (RG 330-PS, Box 11, NA2)

1951년 4월, 미 공군 452경폭격비행단 소속 B-26 폭격기가 투하한 낙하산 폭탄이 북한 지역 철도와 인도교에 떨어지고 있다. (RG 330-PS, Box 11, NA2)

1951년 4월 29일, 파괴된 한강철교 옆 나무로 만든 가교를 피난민들이 건너고 있다. (RG 127-GK-95D-A131281, NA2)

1950년 12월, 피난민들이 엿가락처럼 휘어진 평양 대동강 철교를 건너 남쪽으로 향하고 있다. (RG 306-SUB-51-1516, NA2)

1950년 8월 25일, 교전 지역을 지나다 총격에 희생된 피난민들. (RG 111-SC-347020, NA2)

1950년 8월 25일, 교전 지역을 지나다 사격선에 걸려 사망한 피난민들 뒤로 마을이 불타고 있다. (RG 111-SC-347021, NA2)

1951년 1월 17일, 피난길에 나선 어머니와 아이가 눈밭에서 얼어 죽었다. (RG 319, CE, Box 38, NA2)

머리맡에 있는 검게 탄 성냥갑들은 어머니가 극심한 추위 속에서 아이를 구하려고 처절한 시도를 했음을 보여준다. (RG 319-CE, Box 38, NA2)

1951년 6월 9일, 해주에서 한 소녀가 동생을 등에 업고 있다. 뒤에 M-26 탱크가 보인다. (RG 80-G, Box 1774, 429691, NA2)

1950년 10월 1일, 인천상륙작전 이후 폐허가 된 인천 시내에서 한 아이가 고철을 새끼줄에 묶어 나르고 있다. (UN7667882, UN아카이브)

1950년 12월 19일, 북한 흥남 지역 피난민들이 부두로 이동하고 있다. (RG 111-ADC-10381, NA2) 전쟁의 가장 큰 피해자는 아이들이다.

1950년 9월 16일, 인천상륙작전 직후 한 공장 입구에서 어린아이가 홀로 앉아 울고 있다. (RG 111-SC-348594, NA2)

01

미 폭격기, 한반도 상공 날다

1945년 8월 16일

1945년 8월 15일 정오, 일왕 히로히토가 라디오 방송에서 일본의 무조건 항복을 선언했다. 한국은 1905년 을사늑약 이후 40년 만에 외세의 식민 지배에서 벗어나는 듯했다. 하지만 상황은 우리 바람대로 전개되지 않았다. 승전국인 미국과 소련이 한반도를 분할 점령했다.

미군은 9월 8일 인천항을 거쳐 서울로 들어와 9월 9일 조선총독부에 성조기를 게양했다. 이날 미국 육군 태평양방면 총사령관(연합군 최고사령관 겸직) 맥아더는 이른바 맥아더사령부 포고문 1호를 선포한다. 포고문에는 미군이 북위 38도 이남을 '점령'해 군정을 실시한다는 것, 조선인은 점령군, 즉 미군의 명령에 절대복종해야 하며 반항하면 엄벌에 처하겠다는 것 등 극히 고압적 내용이 담겼다. 미군의 한반도 진주 및 점령군 포고문 1호와 함께 미국 군사정부가 남한을 지배하기 시작했다.

지상군 점령에 앞서 한반도 상공 점령은 20여 일 빨리 시작됐다. 미군 항공기는 일제의 항복 선언과 거의 동시에 한반도 상공 곳곳을 날며 항공정찰 활동을 시작했고, 정밀 사진을 찍었다.

뉴스타파가 미 국립문서기록관리청에서 수집한 당시 미 항공기 정찰 사진 10장을 이 책에 전부 공개한

1945년 8월 16일, 항공모함 인트레피드(USS INTREPID, CV-11)에서 출격한 급강하폭격기 SB2C 헬다이버가 한국 상공을 정찰비행하고 있다. (RG 80-G, Box 1339, NA2)
이 사진 설명에는 "VJ-day plus one", 즉 태평양전쟁 대일전승기념일(VJ-day) 다음 날인 1945년 8월 16일, 아직 아침 안개가 깔려 있는 한국의 마을 상공을 SB2C 헬다이버 급강하폭격기가 정찰한다는 내용이 있다.

미 국립문서기록관리청 2관(National Archives and Records Administration2)의 사진 분류체계는 '문서군(Record Group, RG)', '식별자', '상자(Box)', '건'이다.
군에서 생산한 사진의 문서군은 미 육군통신대사령관실(RG 111-SC)과 공군(RG 342-FH), 해군(RG 80-G), 미 해병대(RG 127-GR) 등이다. 군 사진은 보통 두꺼운 종이 앞면에 원본, 뒷면에 설명문을 단 형태로 보관한다.
바로 위 'SB2C 헬다이버 전폭기' 사진 등 해군에서 생산한 RG 80-G 시리즈는 앞면에 사진 번호(CV-11#2090), 촬영 날짜(1945년 8월 16일), 촬영 부대(USS INTREPID), 제목, 기밀 해제 여부와 해제 날짜, 편집과 소장처 등을 기재한다. 사진 번호 'CV-11#2090'은 항모 인트레피드(USS INTREPID, CV-11)에서 촬영한 2090번째 사진이라는 뜻이다.

1944년 11월, 미 해군 에식스급 항공모함 인트레피드(USS INTREPID, CV-11)가 필리핀 해역에서 기동 중이다. 갑판에 F6F 헬캣 전투기가 계류돼 있다. 앞서 소개한 1945년 해방 이후 미군의 한반도 상공 정찰 사진은 모두 이 인트레피트에서 출격한 함재기가 찍었다. (NH 97468, NHHC)
인트레피드는 퇴역 후 미국 뉴욕에서 해양항공우주박물관으로 개조해 일반에 공개하고 있다.

1945년 8월 16일 아침, 미 해군 에식스급 항공모함 인트레피드(USS INTREPID)에서 출격한 급강하폭격기 SB2C 헬다이버가 서울 한강 마포나루 일대를 정찰비행하고 있다. 사진 오른쪽에 헬다이버 날개가 찍혔다. 좌측 위쪽에 또 다른 SB2C 3대가 날고 있다. (RG 80-G, Box 1339, NA2)
이 사진에 설명문을 단 미군은 촬영 지역을 "Mapo China"라고 표기했다. 서울 마포를 중국에 속한 지역으로 기재한 것이다. 당시 한국에 대한 이해도가 낮았음을 보여준다. (오른쪽 페이지 위)

1945년 9월 4일, 미 항공모함 인트레피드 (USS INTREPID, CV-11)에서 이륙한 급강하폭격기 SB2C 헬다이버가 지금의 서울 연세대 일대 상공을 정찰 중이다. (RG 80-G, Box 1339, NA2)

1945년 9월 4일, 미 해군 급강하폭격기 SB2C 헬다이버가 서울 상공을 정찰비행하고 있다. (RG 80-G, Box 1339, NA2)

1945년 9월 4일, 서울 한강변 일대 상공을 급강하폭격기 SB2C 헬다이버가 정찰비행하고 있다. 날개에 소이탄 일종인 네이팜탄을 장착했다. (RG 80-G, Box 1339, NA2)

1945년 9월 4일, 미 해군 제10항공전단 뇌격기 TBM 어벤져 편대가 서울 용산, 당시 일본 조선주둔군사령부(현 미군 용산기지) 상공을 정찰하고 있다. (RG 80-G, Box 1339, NA2) 사진 위쪽 오른편에 남산이 보인다. 정면 위쪽으로 멀리 북한산이 병풍처럼 펼쳐져 있다.

1945년 9월 4일 미 해군 뇌격기 TBM 어벤져 편대가 서울 여의도 비행장 상공을 정찰하고 있다. 사진 설명문에는 미군 정찰기가 비행장에 일본 항공기가 있는지 확인한다고 적혀 있다. (RG 80-G, Box 1339, NA2)

1945년 9월 4일, TBM 편대가 인천 부평에 있는 일본군 인천육군조병창 상공을 비행하고 있다. (RG 80-G, Box 1339, NA2)

점령

1945년 9월 4일, 인천 상공을 정찰하는 미 해군 뇌격기 TBM 어벤져. 인천 시가지 위쪽으로 인천 앞바다가 보인다. 이 사진에는 TBM 항공기가 주의 깊게 'Jinsen(인천)'을 정찰하고 있다"며, "9월 8일 인천에 우리 점령군 부대가 상륙할 예정"이라는 설명이 달렸다. (RG 80-G, Box 1339, NA2)

실제 4일 뒤인 9월 8일, 미국 육군 24군단 소속 6사단과 7사단이 인천에 상륙해 서울로 들어온다. 이후 3년간 미군정을 실시한다.

"1945년 9월, 한국 점령"이라는 제목으로 미국이 촬영한 월미도 일대 사진이다. 1945년 9월 8일, 미국 항공모함 인트레피드(USS INTREPID)에서 출격한 함재기가 인천 앞바다 상공에서 미국 '점령군'이 인천항으로 상륙하는 장면을 촬영했다. 사진 우측 날개 아래로 인천 월미도가 보인다. 월미도는 사진 위쪽에 보이는 인천과 방죽길로 연결돼 있다. (RG 80-G-348292, NA2) 이로부터 5년 뒤 인천상륙작전 때 월미도와 인천은 미군 폭격기의 무차별 폭격으로 초토화됐다. 그리고 수많은 민간인이 목숨을 잃었다. 작은 섬 월미도에서만 100명 이상의 민간인이 영문도 모르고 학살당했다.

이 항공사진에도 "1945년 9월, 한국 점령"이라는 제목이 붙었다. 옆 사진을 월미도 동쪽 해안 상공에서 인천항 쪽을 향해 촬영했다면 이 사진은 월미도와 인천항 남쪽 바다 위에서 찍은 것으로 보인다. 1945년 9월 8일, 미 24군단 '점령군'을 태운 상륙정이 줄지어 인천 부두로 들어오는 모습이다. 좌측 위쪽에 인천시와 연결된 월미도가 보인다. (RG 80-G-348293, NA2)

02

지옥도

월미도

하늘에서 내려다본 월미도는 평화롭기 그지없다. 월미도라는 이름에 섬의 흔적이 남아있지만 육지나 마찬가지다. 인천과 4차선 도로로 연결되고 모노레일도 오간다. 인천항 북서쪽 월미도에는 주말이면 행락객이 넘쳐난다. 수도권 전철 1호선 인천역에서 시작하는 국내 최장 해상 모노레일이 섬 둘레를 순환하며 서해 바다 정취를 시원스레 펼쳐놓는다. 테마파크엔 100미터 넘는 대관람차가 거칠 것 없는 전망을 보여준다. 바이킹과 하이퍼드롭에서 쉴 새 없이 비명과 웃음소리가 터져나온다. 길가에 늘어선 카페와 해산물 식당은 놀이에 지친 이들을 유혹한다.
월미도 동쪽에 자리잡은 월미공원은 사뭇 다른 분위기다. 잘 정돈된 수목과 전통 가옥이 배치된 공원은 고즈넉하다. 정원을 산책하거나 월미둘레길과 월미산 정상 전망대를 오르내리는 사람들에게 여유로움이 묻어나온다.
70여 년 전 이곳 원주민 삶의 터전이 하늘과 바다에서 날아온 불벼락으로 잿더미로 변한 흔적은 찾기 힘들다. 검은 버섯구름이 섬을 뒤덮고, 뼈와 살이 타는 냄새가 진동하고, 해안이 핏물로 물든 사실도 마찬가지다.

2021년 10월 월미공원 안에 세운 작은 위령비만이 당시 비극을 말없이 알린다. '월미도 원주민 희생자 위령비'라는 제목의 비문이다.

> 이 위령비는 1950년 한국전쟁 인천상륙작전 당시 유엔군 소속 미군의 폭격으로 월미도에서 무고하게 희생된 원주민들의 넋을 기리기 위해 '진실·화해를 위한 과거사 정리위원회' 권고에 따라 건립하였다.

비문 아래로 신원을 확인한 희생자 10명의 이름과 함께 '외 100명'이라는 글자가 선명하다. 이곳에 살던 주민 가운데 적어도 110명이 한국전쟁 때 미군 폭격으로 희생됐다는 뜻이다.

드론으로 내려다본 월미도. 왼쪽에 월미도 테마파크 내 대관람차가 보인다. (뉴스타파)

월미공원. 70여 년 전 학살 현장은 공원으로 변했다. (뉴스타파)

월미공원 내 월미도 원주민 희생자 위령비. 학살 70년이 지난 2021년 10월 5일에야 세워졌다. (뉴스타파)

경찰

□ 군은 1950년 9월 15일 인천상륙작전을 앞두고 월미도를 여러 차례 항공정찰했다. 당시 미 5공군이 월미도를 다양한 각도에서 촬영한 항공사진 4장을 공개한다. 1950년 7월 24일 1컷, 7월 30일 1컷, 8월 14일 1컷, 8월 16일 1컷이다. 또 미 해병대사령부가 1950년 9월 인천상륙작전 전에 작성한 '작전명령서(OPERATION ORDER)' 표지 및 첨부 사진과 함께 미군 작전 지도 등도 공개한다.

□ 군은 항공정찰 등으로 월미도 서쪽 인민군 주둔지와 동쪽 민간인 거주 지역, 그리고 민간 거주지 인근에 위치한 기존 미군 시설 등을 명확하게 구분했을 것으로 보인다. 그런데 왜 인천상륙작전 사전 폭격 때 피아 구분 없이 민간인 거주지에도 네이팜탄 등을 동원한 무차별 폭격으로 마을을 초토화하고 수많은 주민을 살상했는지 지금도 의문이다.

1950년 7월 24일, 미 5공군이 촬영한 월미도와 인천항 항공사진. 왼쪽 위로 월미도가 보인다. (RG 554, Entry A1 79, Box 630, NA2)

1950년 7월 30일, 미 극동공군의 인천항 및 월미도 항공정찰 사진. 왼쪽 중간에 월미도가 보인다. (RG 554, A1 44, Box 8, NA2) (위)

1950년 8월 16일, 미 5공군이 촬영한 월미도. 수직 상공에서 찍었다. (RG 554, Entry A1 79, Box 650, NA2) (아래)

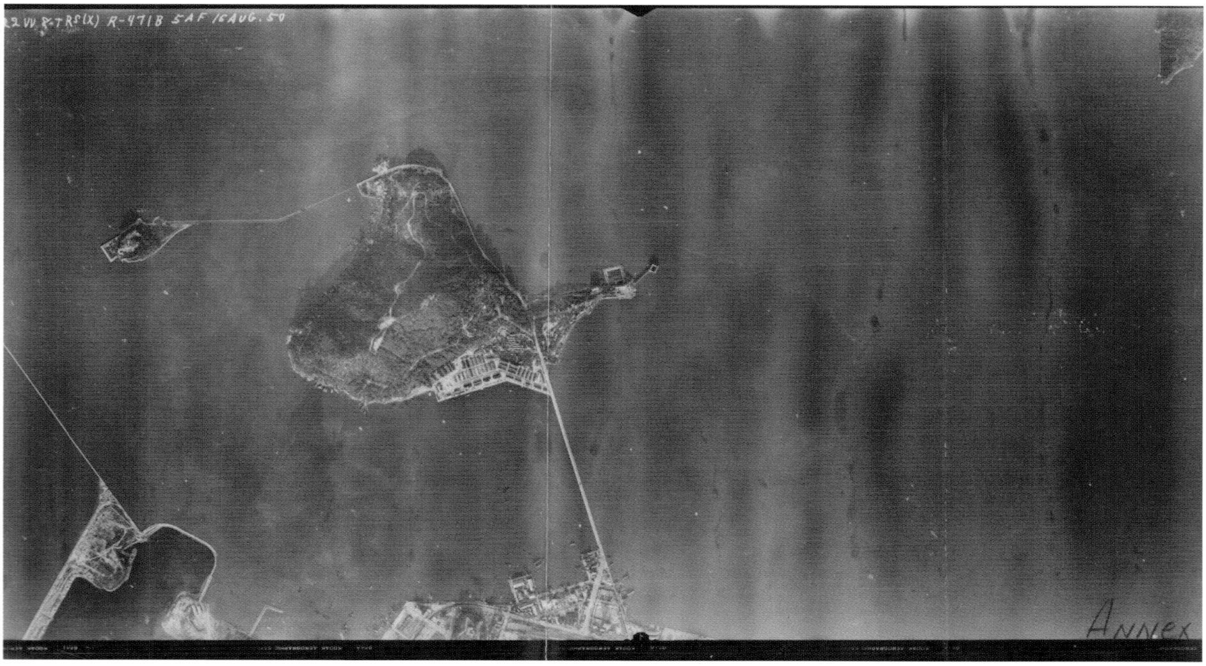

1950년 8월 14일, 미 5공군이 월미도 서쪽 해상 상공에서 월미도와 인천항 쪽을 향해 촬영한 사진이다. (RG 554, Entry A1 73, Box 650, NA2)

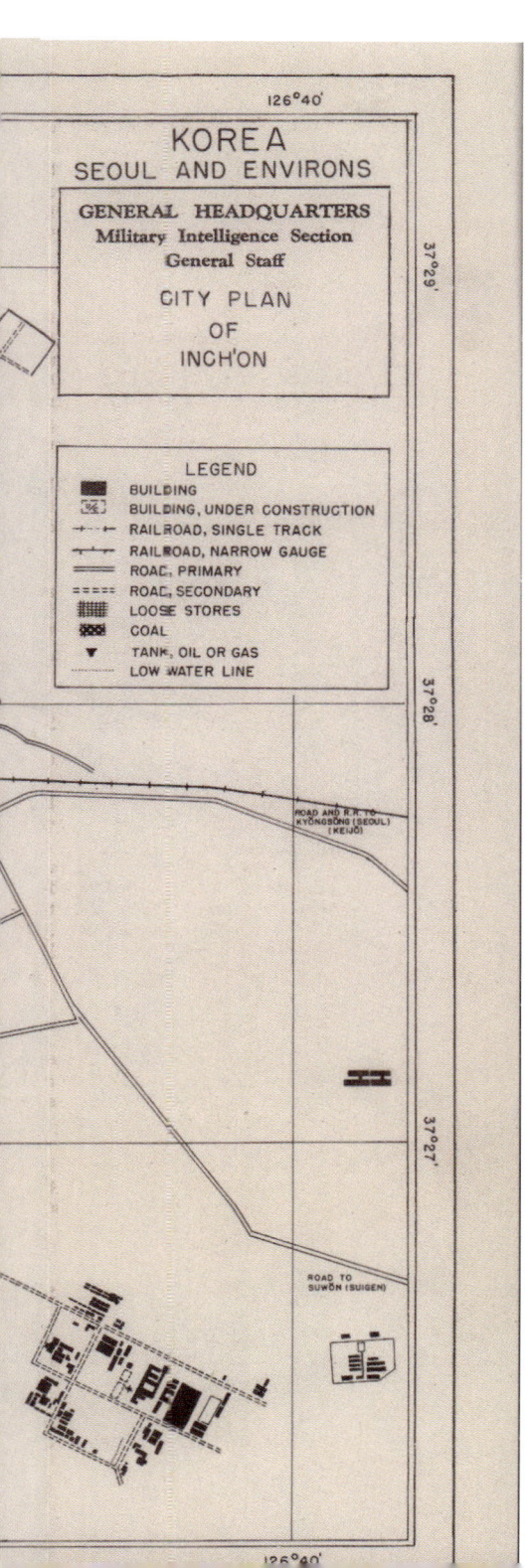

월미도와 인천시가도.
이 지도는 1946년 나온 조선도시계획도(1:12,500)를 바탕으로 1950년 7월 6일, 미 극동사령부 정보참모부 지도국에서 발간했다. (RG 554, Entry 44, Box 8, NA2)

54

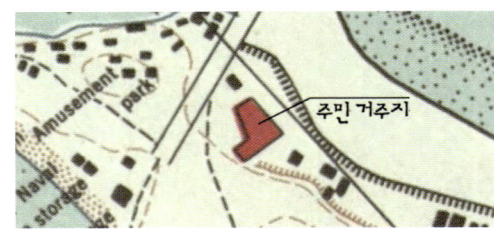

인천시가도에서 월미도 원주민 거주 지역 확대 이미지.

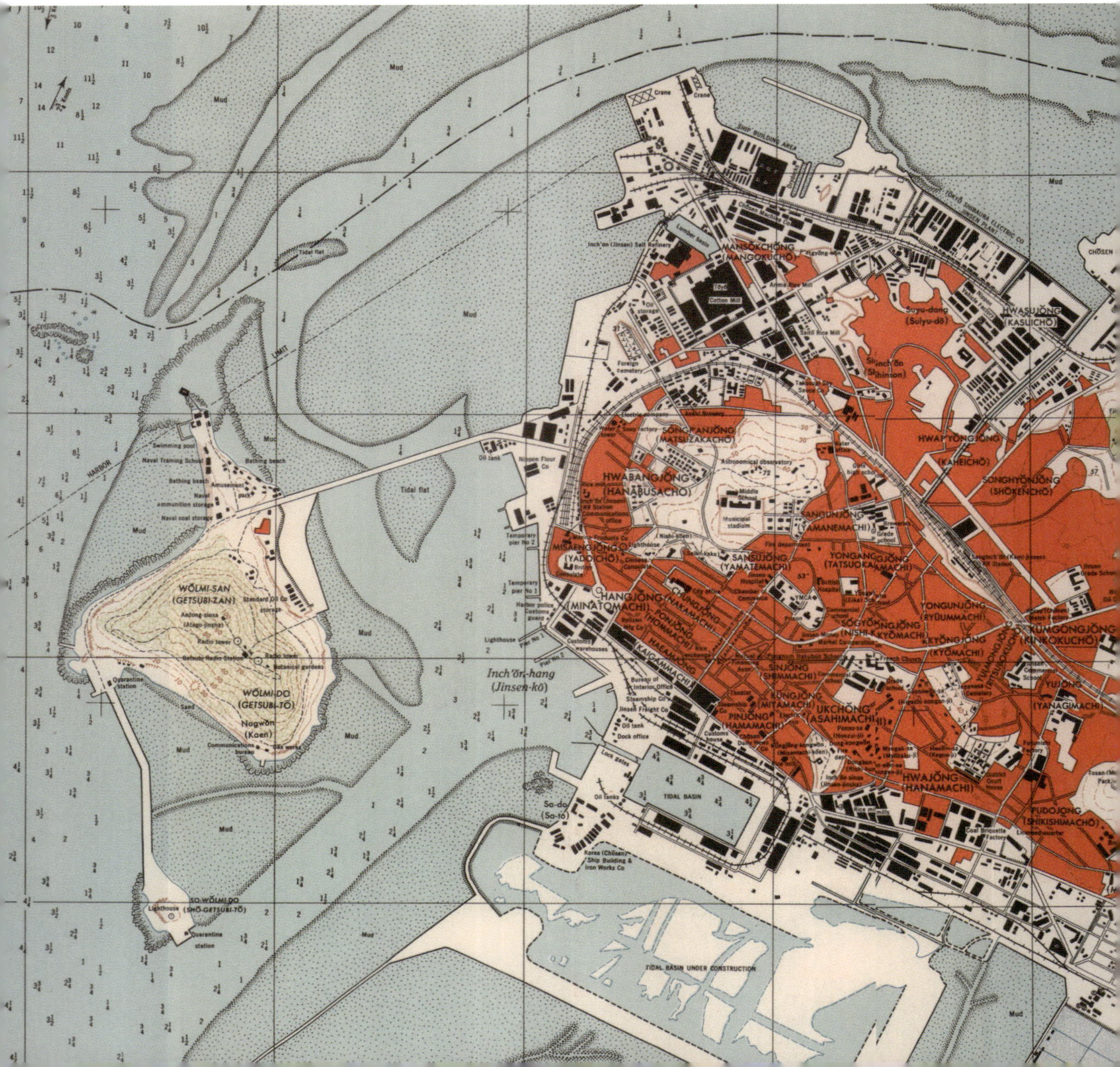

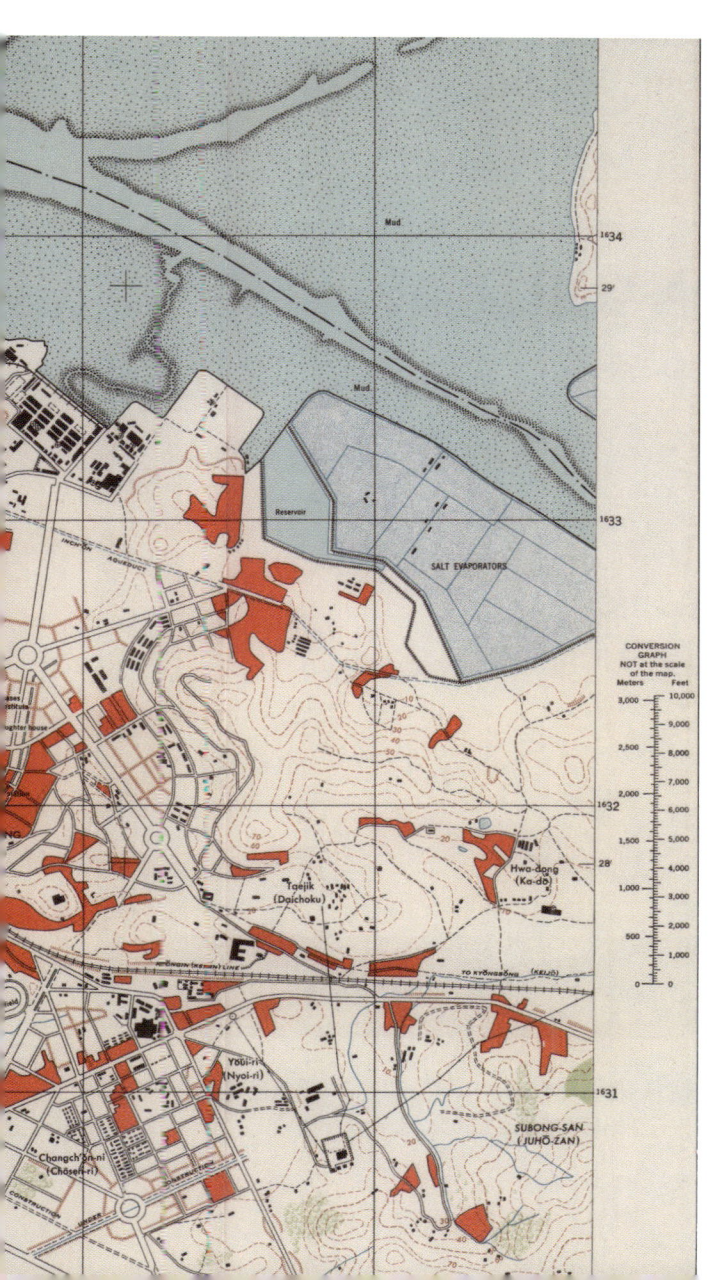

1950년 7월, 미 극동사령부 정보참모부 지도국에서 제작한 인천시가도.
적색으로 표시된 곳이 주택가 등 인구밀집지역이다. 1940년 일본에서 만든 지도를 1945년 7월 미군이 재편집했다가 1950년 7월 항공사진을 바탕으로 다시 제작한 지도다. (RG 554, Entry 44, Box 8, NA2)

TOP SECRET

Gen Wright

Commander Amphibious Group One
and
Commander Attack Force
(CTF 90)

OPERATION ORDER
No. 14-50

September, 1950

G-3 TS I No. 609²

DECLASSIFIED
Authority E.O.12065
Sec. 3-402

TOP SECRET

미 해병대사령부가 인천상륙작전을 앞두고 1950년 9월 작성한 작전명령서 표지다. 아래위로 일급비밀 등급이 선명하게 찍혔다. 이 문서에는 월미도와 인천항 상세 도면과 항공 촬영 사진 등을 수록했다. (RG 554, 44A, Box 6, NA2)

1945년 9월, 인천항과 월미도. (RG 80-G, Box 1339, NA2)

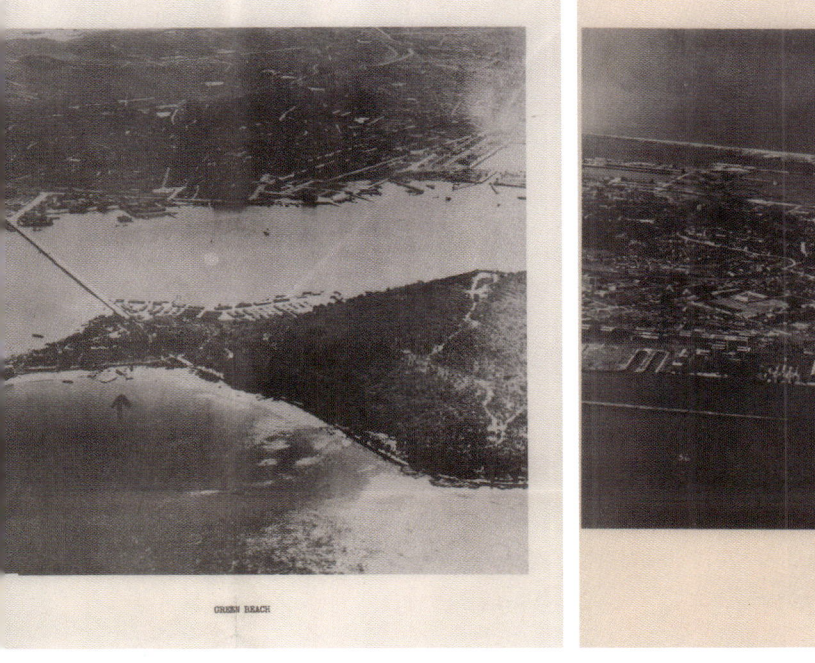

월미도 서쪽 상공에서 촬영한 월미도와 인천항. (RG 554, 44A, Box 6, NA2) (왼쪽)
인천항 북쪽 상공에서 촬영한 인천항과 월미도. 오른쪽에 위치한 월미도 바로 위에 소월미도가 보인다. (RG 554, 44A, Box 6, NA2) (오른쪽)

폭격

미국 해군 역사유산사령부(Naval History and Heritage Command)는 인천상륙작전 전초전인 월미도 폭격을 이렇게 묘사한다.

> 인천상륙작전의 최초 핵심 목표는 월미도였다. 월미도 작전은 9월 10일, 미 해병 제214전투비행대대와 제323전투비행대대의 폭탄, 로켓포, 그리고 네이팜탄 폭격으로 시작했다. 해병 전투비행대대의 콜세어 전폭기들은 네이팜 투하로 섬 전체를 말 그대로 시커멓게 태워버렸다. 다음 날 폭격 동안 섬 전체가 벌겋게 불타올랐다. 9월 15일에는 제214, 제323 전투비행대대와 해군의 3개 스카이레이더 대대가 번갈아 인천을 폭격했다. 해상 함포사격도 동시에 진행했다. -미 해병 항공대 전사(戰史)

미군이 자랑하는 인천상륙작전 기록에는 월미도에 많은 민간인이 거주했고 이들이 검붉은 화염이 뒤덮은 생지옥에서 불타거나 미군 전폭기 기관포에 맞아 죽었다는 사실은 전혀 없다.

미 해군 항공모함 시실리(USS Sicily, CVE 118)호. 주력 함재기가 미 해병 214전투비행대대 F4U 콜세어 전폭기다. 미 해병 항공대 전사(戰史)가 "월미도를 태워버렸다"라고 기록한 바로 그 전폭기다. 한국전쟁 당시 월미도와 포항 칠포리 지역에서 발생한 미군 전폭기의 민간인 학살은 모두 이 항모에서 출격한 콜세어의 무차별 폭격으로 발생했다.

1950년 9월 15일, 미 해병 항공단 콜세어 폭격 직후 연기에 휩싸인 월미도. (RG 80-G-420043, NA2)

인천상륙작전 이틀 전인 1950년 9월 13일, 미 해군 구축함 라이먼 스웬슨(USS Lyman K. Swenson, DD-729)의 40mm 함포가 월미도 오른쪽으로 보이는 소월미도 쪽을 조준하고 있다. 항공기 폭격과 함포사격이 끊임없이 이어지면서 월미도 하늘은 먹구름이 낀 것처럼 온통 시커먼 연기로 뒤덮였다. (RG 80-G-420044, NA2)

미군의 월미도 초토화 폭격은 미 국방부가 촬영한 영상으로도 잘 확인할 수 있다. 한국탐사저널리즘센터-뉴스타파가 미국 국립문서기록보관청에서 수집한 'OPERATION INCHON'과 'WOLMI INVADED'라는 제목의 영상이 대표적이다.

미국 국방부 영상 '인천작전(OPERATION INCHON)' 연속 컷 (RG 330-divc-23377, NA2)

인천작전
(OPERATION INCHON)

월미도 침공
(WOLMI INVADED)

상륙

1950년 9월 15일 오전 인천상륙작전 첫날, 상륙작전 선발대가 수륙양용전차(LVT)에 타고 줄지어 상륙 지점인 월미도 '그린비치'로 향하고 있다. 월미도 왼쪽 하늘은 닷새 전부터 계속된 폭격으로 연기가 자욱하다. (NH 97154, NHHC)

1950년 9월 15일 인천상륙작전 첫날, 미 해병대가 수륙양용전차(LVT)에 탑승해 상륙 지점인 인천항 "블루비치"로 이동하고 있다. 동시에 상륙로켓함(LSMR)이 월미도 방향으로 로켓을 발사하고 있다. 오른쪽 인천, 왼쪽 월미도 하늘 모두 시커먼 연기로 뒤덮였다. (RG 80-G-420024, NA2)

1950년 9월 16일, 맥아더 사령관이 인천항 시설을 둘러보고 있다. 미 1해병사단장 올리버 스미스 중장(Oliver P. Smith)과 미 7합동기동대 사령관 아서 스트루블(Arthur D. Struble)이 맥아더를 수행하고 있다. (RG 80-G-421945, NA2)

1950년 9월 15일, 인천상륙작전 중 마운트 맥킨리(AGC-7)호에서 참모들과 웃고 있는 맥아더 미 극동군사령관. 맥아더 뒤 좌측부터 차례로 제임스 도일 미 해군제독(James H. Doyle, 해군 특별기동대 90 사령관), 에드윈 라이트 소장(Edwin K. Wright, 맥아더 작전관), 에드워드 알몬드 중장(Edward M. Almond, 미 육군 10군단장) 등이다. (RG 111-SC-348448, NA2)

1950년 9월, 월미도에 상륙한 미 해병대원이 민간인 거주 지역에서 주민과 얘기를 나누고 있다. 이들 뒤로 초가지붕이 불타고 있다. (RG 127, GK-234, Box 27, 71-A2740, NA2)

이 사진 뒷면에는 "1950년 9월 인천상륙작전을 수행 중인 미 해병 1사단 대원들에게 월미도 주민이 통역관을 통해 지형을 설명하고 있다"라는 내용의 짧은 설명문이 적혀 있다. 그 아래엔 미 국방부(해병대)라는 크레딧이 달렸다.

순간을 포착한 사진이지만 총을 든 미군 해병대원과 구부정한 자세의 흰옷 차림 원주민 모습은 매우 부조리한 상황을 드러낸다. 불타오르는 초가는 부조리극을 완성하는 배경이다. 이는 인천상륙작전 영웅담과 맥아더 신화에 가린 진실을 서늘하게 보여준다. 사진을 찍은 미군은 사진 뒷면에 현지 주민이 월미도 지형 정보를 설명하고 있다고 건조하게 써놨다. 미군 폭격으로 삶의 터전이 불바다가 되고 가족과 이웃이 비참하게 살육됐다는 사실은 신화에 묻혔다. 월미도 참극은 먼 훗날 단테의 '신곡_지옥편' 실제 버전이라고도 비견[1]한다.

---

1 〈한국전쟁통신〉 세르주 브롱베르제 엮음, 2021년, 눈빛

생존

이범기 / 월미도 미군 폭격 사건 생존자 (1932생, 당시 18세), 2020년 6월 7일과 2021년 3월 10일 뉴스타파 인터뷰. 이범기 씨는 뉴스타파 두 번째 인터뷰 이듬해인 2022년 작고했다.

Q 당시 월미도에 민간인 몇 가구가 살았나요?
A 여기가 자그마해서 한 40~50가구 정도 됐지.

Q 폭격 당일 상황이 어땠나요?
A 1950년 9월에 유난히 정찰비행기가 많이 떠. 많이 뜨는데. 그게 이상하다, 9월 10일 폭격하던 날도 우리야 민간인인데 폭격하겠냐, 이렇게 생각했지. 그렇게 생각을 하고 있었는데 아침에 해는 아직 안 올라왔는데 비행기 소리가 멀리서 들리더니 갑자기 여기서 날아오는 거예요. 낮게 넉 대가 여기서 싹 해서 저 뒤에 작약도 쪽으로 날아가는 거예요. 그런데 조금 있으니 넉 대가 또 와. 넉 대가 또 쫙 지나가. 아, 이게 되게 이상하다고. 그런데 세 번째 지나가, 비행기가 넉 대가. 그래, 아 이제 지나갔나 보다 했는데 갑자기 꽝 하면서 불이 그냥 튄단 말이야.

비행기가 작약도에서 넘어오면서 여기가 좀 높으니까 이 동네를 바라다 보면서 네 발을 던진 거예요. 하나는 이쪽에 떨어지고 하나는 이쪽으로. 한 대가 보통 (네이팜탄) 두 개를 차고 와요. 친구네 집이 이 근처인데 그 쪽으로 딱 한 방이 떨어졌어요. 친구 부친이 주무시고 계셨는데 집에 떨어지니까 어떻게 돼? 그대로 소실이 된 거지. 또 우리 집이 저기 벽 있는데, 저기쯤 돼요. 위치가. 우리 집 뒤쪽에도 한 발이 쾅 떨어지니까 불길이 튀어서 우리 집까지 날아오는 거지. 확 터지면서. 꽝꽝 떨어져. 불바다가 됐지. 그래서 바깥으로 튀어나갔어, 저쪽, 산 뒤쪽으로다가 뛰었어. 그 다음에 저쪽으로 갔는데 그때 당시에 바닷물이 빠져서 없었어. 그래서 바다 쪽으로 빠졌지. 이쪽에는 폭격을 하니까.

그 다음에 이 위에 집이 몇 채가 있었어. 거기에도 사격을 했어. 그 동네도 불바다가 됐지. 다 타는데도 사격을 했고, 사람들이 바다 쪽으로 나갔어. 뒤에 오던 놈들이 바다 쪽으로 쫙 허옇게 나가니까, 옷이야 그때 당시에 검지 않으면 흰색이니까 쫙 몰려나니까 거기에다가 대고 갈기는 거야, 사람 있는 데다가.

Q 기총소사를 했다는 말씀인가요?
A 그렇죠. 기총소사를 했어요. 낮게 떠서 오면서. 어떤 친구는 조종사 얼굴을 봤다 이거야. 조종사 대가리를 봤다 이거야. 그 정도로 낮게 떴다는 얘기지. 총에 맞아서 여러 사람이 죽고 또 부상당하고 그랬죠. 그러니까 바닷속에 들어가지고 전부 몸에다가 갯벌칠을 하는 거지. 그렇게 위장을 하니까 잘 안 보이거든. 드문드문 보이지만. 그래서 몇 번씩 비행기가 와서 확인을 하고 했어. 그런데 저 너머도 하는 줄 알고 있었는데 나중에 알고 보니까 안 했어. 여기 동네만 제일 먼저 갈기고 이 부대(월미도 미군 부대 시설-편집자 주) 쪽에는 까딱도 안 했어. 그냥 하나도 안 갈겼어. 그러니까 시방 의문이 뭐냐 하면 왜 저 건물들은 놔뒀느냐지.

Q 폭격 뒤 동네는 어떻게 됐나요?
A 동네로 돌아와 보니까 다 탄내야. 시신들이... 화재에 집이 타가지고 집에 있던 양반들이 다 돌아가셨지. 내가 알기로는 한 네댓 명, 돌아가신 분들을 어떻게 해? 아무 것도 없으니까 모셔다가 가매장을 하더만. 저 쪽에 산 밑에 언덕에다가 가매장을 우선 해놓는 걸 다 봤지. 그리고 나머지 다른 사람들은 다른 곳에서 죽었다고 이야기하는데 내가 직접 보지는 못하고 듣기만 했지.

Q 사시던 집은 어떻게 됐나요?
A 완전히 타버렸지 뭐. 기둥 하나 안 남았지. 재만 남았어 재만. 그러니까 동네가 재만 남았지.

정지은 / 월미도 미군 폭격 사건 유족 (1944년생, 폭격 당시 7살), 2021년 3월 10일 뉴스타파 인터뷰

Q 미군 폭격 당시 기억나시나요?

A 그 당시 제가 일곱 살이었는데 6.25가 나면서 월미도에서 인천 송도 외갓집으로 피난을 갔어요. 어머니가 만삭이어서 나를 데리고 송도 친정에 가 있었는데 폭격할 때가 새벽이었어요. 난 어렸으니까 외갓집 감나무 위에서 보다가 "아 저거 폭격한다"라고 했는데 그때는 그걸 잘 몰랐는데. 어머니가 "야, 네 아버지 돌아가신다"고 하셨어요.

그날은 월미도로 들어가지 못하고 그 다음 날에 어머니가 (아버지를 찾아) 여기 월미도로 오신 거예요. 걸어서 여기 들어와 보니까 까맣게 탄 시신만 있으니까 확인을 할 수가 없는데 치아를 보고 '이게 네 아버지구나' 해서 거적때기 가져다가 집 자리에 가매장을 하셨다고 해요. 여자 혼자. 그리고 나오신 거예요. 폭격 이후 미군이 상륙했잖아요. 그러면서 집터를 다 밀어버린 거예요. 저는 지금까지도 아버지 유골을 못 찾았어요. 제가 전에 미국 타임스하고 인터뷰 할 때도 그랬어요. 너희는 자국민들은 지금까지 이북에 있는 시신도 찾아가지 않느냐? 그렇다면 월미도 시신도 한두 구가 아닌데, 한 백여 구 되는 것 같아요. 그러면 그 시신을 한데 모아놨으면 후손들이 한은 안 맺히잖아요. 월미도 가면 맨날 어디에 우리 아버지 시신이 있나...

Q 송도에서도 미군기가 날아오고 폭격하는 걸 보셨다는 거죠?

A 비행기 소리가 막 나고 불 나고 이런 건 봤지. 어렸을 때는 그게 멋있게 보여서 우리 아버지 돌아가시는 줄도 몰랐죠.

Q 어머니가 부친 시신을 구체적으로 어디서 찾았다고 하셨나요?

A 집 마당에 엎드려 계셨다고 해요. 주무시다가 튀어나오다가 돌아가신 거야. 울 아버지 돌아가셨을 때 나이가 서른다섯이에요. 한참 젊은 나이에 비참하게 돌아가신 거지. 이렇게 희생된 사람이 많은데 지금까지도 월미도 사람들이 한을 못 풀고 있는 거야. 아마 내년쯤엔 위령탑도 세울 거예요.[2] 위령탑을 세우게 되면 내가 죽어서 아버지한테 가서 그래도 위령탑이라도 하고 왔습니다, 이렇게라도 말할 수 있겠죠.

---

2   정지은 씨가 뉴스타파 취재진과 인터뷰를 하고 10개월 뒤인 2021년 10월 인천 월미공원 안에 '월미도 원주민 희생자 위령비'가 세워졌다. 학살 발생 71년 만이다.

1950년 9월 15일 'OPERATION CHROMITE', 즉 인천상륙작전을 묘사한 미 해군 종군화가 허버트 C. 한의 그림이다.(1951년 작) 오른쪽 월미도와 그 뒤 인천항이 화염에 휩싸여 있다. 하늘에는 미군 항공기가 날고, 인천 앞바다에는 해군 함정 엄호하에 상륙정이 줄이어 인천항으로 들어가고 있다. (88-191-BB, NHHC)

미 해군은 이 그림을 설명하면서 인천항은 조수간만의 차가 크고 갯벌이 넓어 상륙작전 타이밍이 매우 중요했고, 인천항 앞쪽 월미도에서 북한 인민군의 저항이 극심할 것이라는 정보 보고가 있었기 때문에 매우 힘든 작전이 되리라고 예상했으나 실제 연합군 손실이 전사 20명, 부상 179명에 불과했다고 자랑했다. 월미도에서만 민간인이 100명 이상 학살당했다는 사실은 전혀 언급하지 않았다.

지옥도

미군은 인천상륙작전을 닷새 앞둔 1950년 9월 10일에만 하루 세 차례 월미도를 집중 폭격했다. 해병대 항공공격보고서에 따르면 10일 오전 6시 미 해병대 15항모전단 소속 214전투비행대대 8대와 323전투비행대대 6대를 포함해 모두 14대의 콜세어 전폭기가 미 항공모함 시실리에서 출격했다. 6시 55분부터 7시 5분까지 1차 공격에서 214전투비행대대 8대는 월미도 동쪽 주민 거주 지역에 각각 2발 네이팜탄을 투하하고 로켓포를 난사했다. 323대대 6대도 네이팜탄을 2발씩 투하했다. 두 번째 폭격은 오전 8시를 전후해 콜세어 2개 편대 15대, 세 번째 폭격은 11시부터 12시 30분까지 콜세어 2개 편대 14대가 실행했다.

이 폭격 사건을 조사한 제1기 진실화해위원회에 따르면 미 해병대 항공단은 월미도에 이날 하루에만 모두 33대 전폭기를 동원해 네이팜탄 95발을 쏟아붓고 주민들에게 기관포를 난사했다. 이 같은 초토화 폭격으로 섬 동쪽 가옥과 숲 등 민간인 거주지는 완전히 파괴됐다. 당시 이 섬에 민간인이 500명가량 거주했으나 이들을 위한 보호조치는 전혀 없었다. 평화로운 어촌 마을은 순식간에 지옥으로 변했다. 실제 미군은 네이팜 투하 현장 사진에다 '거센 지옥불(Fiery Inferno)'이라는 설명을 자주 달았다.

1950년 9월 15일, 미군이 초토화 폭격으로 파괴한 월미도 한 가옥 안에 불탄 시신이 잔해에 깔려있다. (RG 111-ADC-8289, NA2)

1950년 9월 15일 오전, 월미도에 상륙한 미 해병대원이 땅굴에 숨어 있는 북한 인민군에게 화염방사기를 발사하고 있다. (RG 127-GR, Box 23, A2799, NA2)

1950년 9월 15일, 월미도에서 미 해병대가 찍은 북한 인민군. 한 명은 사망했고, 나머지 두 명은 미 해병대 촬영병 카메라를 응시하고 있다. (RG 127-GR-76-A2745, NA2)

1950년 9월 15일, 월미도에서 한 주민이 손을 들고 끌려가고 있다. (RG 111-ADC-8326)

1950년 9월 15일, 월미도에서 생포된 북한 인민군 병사들이 손을 들고 있다. (RG 111-ADC-8326)

1950년 9월 15일, 월미도에서 미 해병대에 생포된 북한 인민군 포로들이 앉아있다. 소나무 꼭대기에 성조기가 걸렸다. (RG 127-RG, A2694, NA2) (위)
1950년 9월 15일, 월미도에서 부상당한 북한 인민군 포로를 호송하고 있다. (ICRC Photo, V-P-KPKR-N-00040-11A, NA2) (아래)

1950년 9월 15일, 폭격으로 폐허가 된 인천 시가지에서 북한 인민군 포로들을 앉혀놓고 미군 병사들이 포즈를 취하고 있다. (RG 127-RG-A3597, NA2)

1950년 10월 2일, 인천상륙작전 17일 뒤 인천 앞바다 상공에 미 항공모함 필리핀씨(USS Philippine Sea, CV-47)에서 출격한 F4U 콜세어 전폭기가 정찰비행을 하고 있다. 콜세어 바로 아래 해상에 미 해군 전함 미주리호가 이동하고 있다. 멀리 월미도와 인천항이 보인다. (NH 9776, NHHC)

1950년 12월 29일, 상륙정에 탄 미군 병사들이 인천 찰리부두에 내릴 준비를 하고 있다. 뒤에 월미도, 좌측에 소월미도가 보인다. (NH 97079, NHHC)
미국의 초토화 폭격 이후 살아남은 원주민들은 월미도를 떠나야 했다. 이들은 한국전쟁이 끝나고 월미도로 돌아와 마을을 재건하려고 했으나 정전 이후에도 미군이 계속 주둔하는 바람에 다시는 삶의 터전으로 돌아가지 못했다.

03

악마의 무기, 네이팜

2003년 4월 3일, 미국 노스캐롤라이나에 있는 미 해병대 항공기지 체리포인트(Cherry Point)에서 실시한 네이팜탄 폭발 실험으로 광범위한 지역이 불길에 휩싸였다. (RG 330-CFD-DM-SD-4000733, NA2)

지옥불

한국전쟁 당시 미군 폭격으로 인한 민간인 학살 사건은 상당수가 무차별 네이팜탄 투하로 발생했다. 네이팜은 가솔린에 알루미늄 성분 등을 섞어 만든 젤리 형태의 혼합물이다. 미군이 2차대전 중 개발한 신종 소이탄의 원료로 폭발성과 지속성 등을 극대화했다. 한국전쟁에 사용한 네이팜탄은 구식 소이탄보다 더 넓은 지역을 더 오래 불태울 수 있었다.

미군은 네이팜탄이 일으키는 거대한 화염을 지옥불이라고 불렀다. 한국전쟁 당시 국제사회는 이미 네이팜탄을 비인도적 살상 무기로 규정하고 사용을 강력하게 규탄했다. 하지만 미국은 적들이 가장 두려워하는 무기라며 네이팜탄을 한반도 전역에 마구잡이로 퍼부었다.

1951년 4월 12일, 북한 원산 인근 촌락에 미 5공군 452경폭격비행단 B-26 폭격기가 네이팜탄을 투하해 거대한 화염이 치솟았다. 이 장면을 촬영한 미군은 사진에 '거센 지옥불(Fiery Inferno)'이라는 제목을 붙였다. 폭격 목표는 북한 인민군 군수창고였다. (RG 342-FH, Box 3058, NASM 4A 38524, NA2)

1951년 7월 11일, 북한 문산리 철도 조차장에 미 5공군 452경폭격비행단 소속 B-26 폭격기가 네이팜탄을 투하해 화염과 연기가 치솟고 있다. 미군은 이 사진에 네이팜이 지옥불을 일으켰다는 설명을 달았다. (RG 330-PS, Box 31, NA2)

1951년 6월 1일, 미 5공군 B-26 폭격기가 야간에 네이팜탄을 투하해 숲이 타오르고 있다. 미근은 이 사진에 지옥불이라는 제목으로 네이팜(가솔린 젤리)을 떨어뜨려 숲속 북한 인민군 집결지를 지옥불로 뒤덮었다는 설명문을 달았다. (RG 342-AF-79851AC, NA2)

1951년 1월, 주택이 밀집한 곳에 네이팜탄이 작렬하고 있다. 미군은 이 사진에 '가장 두려운 무기' 라는 제목에다 이런 설명을 붙였다. "적군 포로들을 신문한 결과 한국전에서 미 극동공군이 사용하는 모든 무기 가운데 이들이 가장 두려워하는 무기는 네이팜탄이라는 사실을 확인했다." (RG 342-AF-78970AC, NA2)

악마의 무기

1951년 2월 4일, 유엔군의 네이팜탄 폭격으로 중화상을 입은 여성 3명이 수원 야전응급구호소에서 치료를 받고 온몸에 붕대를 감고 있다. (RG 319-CE, B 38, SC-357516-W, NA2)

영국 일간지 가디언은 한국전쟁이 한창인 1952년 4월 29일 자 기사에서 네이팜탄을 이렇게 보도했다.

> "한국전쟁에서 미군이 사용하는 네이팜탄으로 알려진 새로운 무기는 이전의 어떤 무기보다 인체에 끔찍한 영향을 미친다."

같은 날 호주 일간지 뉴캐슬 모닝 헤럴드는 한국전쟁 네이팜탄 피폭 피해자를 이렇게 묘사했다.

> "우리 앞에는 약간 웅크리고 다리를 벌리고 팔을 옆구리에서 내민 기이한 모습의 인체가 있었다. 그는 눈이 없었고, 불에 탄 누더기 사이로 보이는 그의 몸은 노란 고름으로 얼룩진 딱딱한 검은 껍질로 덮여 있었다."

이 기사가 언급한 내용은 영국 BBC 기자 르네 컷포스(René Cutforth)가 쓴 <한국 리포터(Korean Reporter, 1952)> 라는 책을 인용한 것이다.

등장

네이팜탄은 어떻게 전장에 등장하게 됐을까. 1940년 2차세계대전 당시 미국 정부는 첨단 국방과학 지원과 신무기 개발 등을 위해 군부와 학계, 산업을 결합한 군·학·산(Military-academic-industrial) 복합체제를 구성한다. 이를 관장한 미 정부 기구가 1940년 6월 약 1억 달러 예산으로 설립한 국가국방연구위원회(NDRC, National Defense Research Committee)다. 위원회 의장은 버니바 부시(Vannevar Bush)가 맡았다. 그는 핵무기 개발을 진행한 맨해튼 프로젝트에 참여했고, 카네기 과학연구소장을 지낸 인물이다. NDRC는 레이더, 소나, 수륙양용상륙정 등과 함께 신형 소이탄 개발 등 200여 개 프로젝트를 감독했다.

NDRC는 하버드대학 화학과 교수 루이스 피저(Louis Fieser)가 이끄는 연구팀에게 소이탄 개발을 맡겼다. 루이스는 엠마누엘 벤자민 허쉬버그(Emanuel Benjamin Hershberg) 셰링연구소 소장과 함께 하버드대 화학연구소(Converse Chemistry Laboratory, 지금의 하버드대 화학생물학과) 지하 1급 비밀 실험실에서 네이팜 개발 연구를 했다. 그리고 1942년 7월 4일 NDRC 관계자들과 함께 사상 최초로 네이팜 원료 소이탄 폭발 실험을 했다. 폭발 실험 장소는 하버드대학교 축구 경기장 길 건너편에 있는 축구 연습장이었다. 이른바 '악마의 무기'가 세상에 나왔다.

미국 독립기념일인 1942년 7월 4일, 하버드대 운동장에서 사상 최초 네이팜 폭발 실험을 했다. 뒤쪽으로 하버드 비즈니스스쿨 건물이 보인다. (하버드대 아카이브) (위)
최초 네이팜 실험을 한 하버드대 미식축구 경기장 맞은편 간이 운동장에는 당시 폭발 장면 사진과 함께 '첫 번째 네이팜 테스트 (NAPALM TEST #1)' 라는 표지판이 걸려있다. (뉴스타파) (아래)

하버드대학 루이스 연구팀이 네이팜 개발을 진행한 하버드대 화학연구소(현 하버드대 화학생물학과) 건물. (뉴스타파)

하버드대 화학생물학과 건물 로비 바닥에 있는 학과 로고. (뉴스타파)

하버드대 루이스 연구팀이 네이팜을 연구 개발한 하버드대 화학연구소 지하 실험실. 지금은 하버드대 화학생물학과 건물 지하 설비실로 사용한다. (뉴스타파)

하버드대 실험 이후 인디애나주 메디슨에 있는 제퍼슨 시험장에서 7월 11일부터 이틀간 미 육해공군 수뇌부와 NDRC의 부시 의장 등이 모인 가운데 미군이 사용할 소이탄 실험을 진행했다.

1944년 6월에는 플로리다주 에글린필드(Eglin Field, 현 미 공군기지)에서 미 해군사령부와 미 육군 항공대가 항공기 투하용 네이팜탄 실험을 했다. 당시 실험에서는 미 해군 함재기인 F6F 헬캣 전투기와 F4U 콜세어 전폭기, 미 육군 항공대 중전투기인 P-38 라이트닝 등 3종의 미군 항공기가 네이팜탄을 다양한 목표물에 투하해 성능을 평가했다. 미군은 이 실험을 촬영해 20분 분량의 영상을 만들었다. 뉴스타파는 이 영상을 입수해 공개한다. 영상 초반부는 가장 효과적인 네이팜 원료 혼합 비율 등을 여러 실험을 해 도출하는 장면이 나온다. 그리고 미군 항공기들이 다양한 사이즈의 네이팜탄을 육상, 해상에서 투하해 파괴력과 소각 면적 등을 평가하는 내용이 이어진다. 일본식 주택 모형을 설치해 놓고 여기에 네이팜탄을 투하하는 장면도 나온다. 미군이 살아 있는 염소를 목표물에 묶어두고 네이팜 화염 효과를 측정하는 실험 장면은 충격적이다. 이 영상에는 네이팜탄 폭격 뒤 죽은 염소의 혈액에서 인간 치사량의 2배에 이르는 일산화탄소를 검출했다는 결과가 자막으로 나온다.

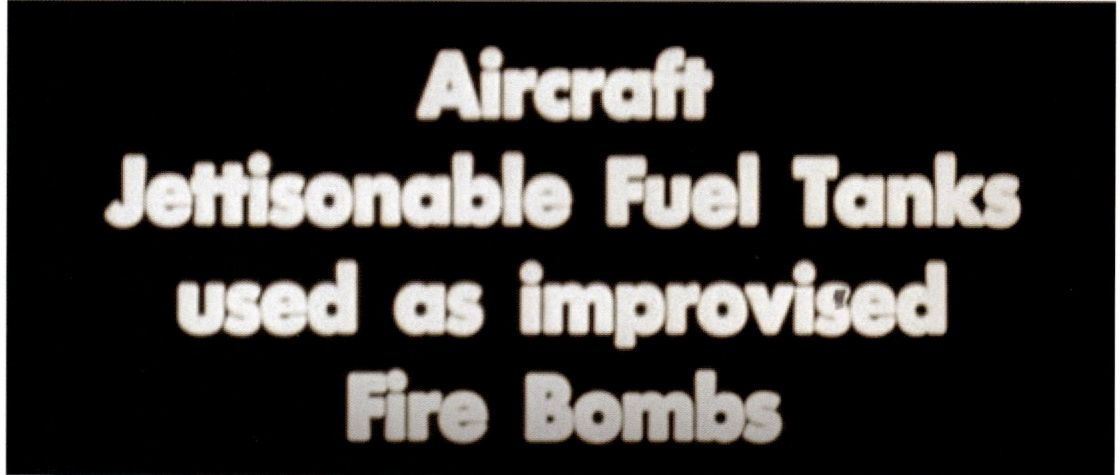

미 해군은 1944년 6월, 플로리다주 '에글린필드(Eglin Field)'에서 실시한 네이팜탄 실전 테스트 현장을 촬영해 '해군 리포트: 개량 소이탄으로 항공기 투하 탱크 사용'이라는 제목의 영상을 남겼다. 길이는 20분이다. 위 이미지는 영상 첫 챕터 제목 자막이다. 항공기에서 투하할 수 있는 가솔린 탱크(네이팜탄)를 성능 개량 소이탄으로 사용한다는 의미다. (RG 342-USAF-18797, NA2)

1944년 6월, 플로리다주 '에글린필드(Eglin Field)' 실험 현장에서 미군 항공기가 투하한 네이팜탄이 폭발하면서 화염과 연기를 내뿜고 있다. (RG 342-USAF-18797, NA2)

1944년 6월, 플로리다주 '에글린필드 (Eglin Field)' 실험 현장에서 미군이 네이팜탄 투하 목표물에 동물 생체 실험을 하기 위해 염소를 넣고 있다. (RG 342-USAF-18797, NA2)

1944년 6월, 플로리다주 '에글린필드 (Eglin Field)'에서 네이팜탄 생체 실험용으로 염소가 목표물 안에 묶여 있다. (RG 342-USAF-18797, NA2)

해군 리포트:
개량 소이탄으로 항공기 투하 탱크 사용

2차대전 당시 미군의 네이팜탄 투하

실전

미군은 1943년 12월 15일 태평양전쟁 파푸아뉴기니 전투에서 신종 소이탄 원료인 네이팜을 화염방사기에 넣어 발사하는 방식으로 실전에 처음 사용했다. 같은 날 이탈리아 전선에서도 적군이 은신처로 사용하는 밀밭을 소각할 때 네이팜을 사용했다. 이후 미국은 2차대전 전장 곳곳에서 네이팜탄을 항공기에 실어 공중에서 투하했다.

첫 네이팜 공중폭격은 1944년 2월 15일 태평양 폰페이섬(Pacific Island of Ponhpei)에서 이뤄졌고 이후 유럽 전선에도 등장했다. 미국의 1945년 3월 9일 도쿄 대공습은 전쟁 역사상 가장 파괴적 폭격 작전이다. 미군은 도쿄 폭격에 재래식 폭탄뿐만 아니라 네이팜탄도 쏟아부었다. 목조 건물이 많던 도쿄는 불바다가 됐고, 전 도시의 4분의 1 이상이 파괴됐다. 미군은 2차세계대전을 통틀어 네이팜탄을 14,000톤가량 사용했는데 이 중 3분의 2가량이 태평양전쟁에, 특히 도쿄 폭격에 들어갔다. 네이팜을 동원한 미군의 도쿄 대공습은 민간인 사망 약 8만 명, 부상 약 9만 명의 희생을 낳았다.[3]

미국은 2차세계대전 종전 이후에도 그리스내전(1944~1949)과 인도차이나전쟁(1946~1954) 등에서 네이팜탄을 사용했다. 냉전 초기 미군은 2차세계대전 때보다 강력해진 네이팜탄을 개발했고 한국전쟁 때 고성능 네이팜탄을 지속적으로 개발해 실전에 활용했다. 이후 베트남전쟁, 이라크전쟁에 이르기까지 국제적 비난에도 불구하고 지속해서 사용했다.

한국전쟁 이후 한국군도 네이팜탄을 보유하고 시연이나 실전 훈련 등을 실시한 기록이 있다.

---

3   MARINE GUILLAUME, 'NAPALM IN US BOMBING DOCTRINE AND PRACTICE, 1942-1975', SciencePo, 2016.12.10.

1945년 4월 15일, 미 공군 B-24 리버레이터 폭격기 편대가 독일군이 점령한 프랑스 로양(Fort de Royan) 상공에서 네이팜탄을 무더기로 퍼붓고 있다. (RG 342-FH, Box 80, 57634AC, NA2)

1945년 4월 15일, 미 공군 B-24 폭격기가 투하한 네이팜탄이 독일군이 점령한 프랑스 해안 도시 로양(Fort de Royan)에 떨어져 폭발했다. 같은 지점을 겨냥한 네이팜탄 투하가 계속됐다. 미군은 이 사진에 "로양이 최악의 네이팜탄 처벌을 받았다. 같은 목표 지점에 네이팜 10발 투하했다"라는 설명을 달았다. (RG 342-FH, Box 80, 57635AC, NA2)

1945년 5월 17일, 미군 P-47 썬더볼트 전투기 2대가 필리핀 마닐라 인근 지역의 일본군 진지를 향해 네이팜을 투하하고 있다.
(RG 342-FH, Box 126, 58295AC, NA2)

1945년 8월 미군 P-38 라이트닝 전투기가 필리핀 루손 이포댐(Ipo Dam) 인근 지역 상공에서 네이팜탄을 투하하고 있다. (RG 342-FH, Box 126, 58266AC, NA2)

1965년 미군이 투하한 네이팜탄이 베트남 사이공 남부 지역 한 촌락에서 폭발하고 있다. (RG 342-C-K20652, NA2)

1963년 10월 1일, 국군의 날 행사 중 하나로 한강 모래사장에서 공군 전투기가 네이팜탄 투하 시연을 하고 있다. (대한뉴스 437호)

1984년 5월 9일, 한국 공군 F-4E 팬텀2 전투기가 네이팜탄 투하 훈련을 하고 있다. (RG 330-CFD-DF-ST-85, NA2)

1945년 4월 10일, 필리핀 민도로 엘모어(Mindoro Elmore) 기지에서 미 공군 3폭격단 894화학중대가 55갤런 드럼에 네이팜 원료를 배합하고 있다. (RG 342-FH, B 123, 61223AC, NA2)

1945년 6월 25일 필리핀 클라크 기지에서 892화학중대가 드럼통에 네이팜 원료를 붓고 있다. (RG 342-FH, B 123, 60783C, NA2)

1945년 4월 10일, 필리핀 민도로 엘모어(Mindoro Elmore) 기지에서 미 공군 3폭격단 894화학중대가 네이팜 용액을 배합한 드럼을 폭격기 옆으로 운반해 폭격기에 장착한 네이팜탄 탱크에 주입하고 있다. 사진에 네이팜탄 2개를 채우려면 55갤런 드럼 3개가 필요하다는 설명이 달려 있다. (RG 342-FH, B 123, 61221AC, NA2)

미군 병기병이 폭격기 날개 아래에 네이팜탄 탱크를 달고 있다. (RG 111-ADC-9124, NA2)

폭격기에 탑재한 네이팜탄 탱크에 젤리 형태의 네이팜 용액을 주입하고 있다. (RG 111-ADC-9124, NA2)

1945년 4월 10일, 필리핀 민도로 엘모어 기지에서 미 공군 3폭격단 894화학중대가 폭격기에 탑재한 탱크에 네이팜 용액을 주입한 뒤 M-14 백린 점화기를 넣고 있다.
(RG 342-FH, B 123, 61221AC, NA2)

한국전쟁 발발 보름 뒤인 1950년 7월 8일 미 제5공군 소속 F-51 머스탱과 F-82 트윈머스탱 전투기가 평택 등에 네이팜탄을 투하했다. 한국전쟁 첫 네이팜 폭격이다. 이날 이후 미 공군과 해군, 해병 항공단은 네이팜탄을 주력 무기로 활용했다. 한국전쟁 당시 미 극동공군사령관 조지 E. 스트레이트마이어는 2차세계대전에서도 중국·인도·버마 전 구에서 네이팜탄을 사용한 경험이 있다. 네이팜탄은 단순 인마 살상용이 아니라 폭발 지역의 모든 생명체를 없애버리고, 환경에도 치명적 악영향을 끼치는 비인도적 무기였으나 스트레이트마이어는 효율성이 높다는 이유로 네이팜 사용에 집착했다.

미 중앙정보국 CIA 보고서에 따르면 미 공군은 한국전에서 네이팜탄을 모두 32,357톤 뿌렸다. 110갤런(416리터)짜리 대형 네이팜탄 기준으로 한국전쟁 3년 1개월 동안 매일 69발가량을 투하한 셈이다. 미국이 2차세계대전 때 사용한 네이팜탄 14,000톤보다 두 배 넘게 많은 양이다.

미 공군의 네이팜 사용량 통계는 미 해군과 해병 항공기의 네이팜 투하량은 포함하지 않은 수치다. F4U 전폭기 등 항공모함 함재기의 네이팜탄 투하량을 합하면 전체 미군이 사용한 네이팜은 3만 2천 톤보다 훨씬 많다. CIA 보고서에는 한국전 때 미 공군 폭격으로 파괴된 건물은 모두 118,231동, 교량은 1153개라고 나온다. 이에 비해 미 해군과 해병 항공기가 파괴한 건물은 44,828동으로 공군의 절반가량이고, 교량 파괴는 2005건으로 오히려 공군 폭격을 훨씬 능가한다. 미 해군 및 해병의 네이팜탄 사용량도 공군 못지 않았다는 추정이 가능하다.

COMMUNIQUE ISSUED BY COMMANDER-IN-CHIEF, FAR EAST COMMAND

PERIOD COVERED: 1300K 9 July to 1445K 9 July

Over 100 Far East Air Forces fighter aircraft struck targets in 2 important sectors behind North Korean lines on Saturday, July 8. Primary concentrations of F-80's and F-51's hit communication lines, vehicles and bridges on the eastern coast along a 90-mile front from Yonghae north to Kangnung. Smaller missions worked over the Chonan-Pyongtaek-Suwon line of approach to the battle front north of Taejon in western Korea.

Improved weather conditions permitted more extensive use of ground strafing and low level fighter strikes using rockets and machine gun fire to destroy installations and material. [Preliminary reports of fighter operations indicated a total of 4 tanks, 32 trucks, 10 miscellaneous vehicles, 4 artillery pieces, 1 locomotive, 12 boxcars and 4 oil storage tanks destroyed.]

More than 23 trucks, 25 boxcars, 2 locomotives and a number of other vehicles were damaged and strafing attacks were carried out on railroad lines, 25 barges in Samchok Harbor, and numerous ground objectives.

Effective Fifth Air Force F-80 and RAAF Mustang strikes were mounted against Utchin, Susan-Ni, Samchok, Kangnung and other east coast points. Napalm bombs were dropped by F-51's in the Utchin area and by F-82's in the vicinity of Pyongtaek. F-80's also bombed from low levels on the eastern coast, slightly damaging a highway bridge north of Samchok and tearing up railroad tracks in the same area.

1950년 7월 8일, 미 공군이 경기도 평택에 처음으로 네이팜탄을 투하한 기록. 미군 극동사령부 보도자료다. (RG 319, A1 50, Box 1, NA2)

1950년 9월, 북한 상공에서 미 5공군 제18전투폭격비행단 소속 F-51 머스탱 전폭기가 네이팜탄 2발을 투하하고 있다. 첫 발은 수직 낙하 중이고, 두 번째 폭탄이 막 기체에서 분리되는 장면이다. 왼쪽 아래에 또 다른 F-51 머스탱이 보인다. F-51은 한국전쟁 기간에 미 공군 항공기 중 네이팜탄을 가장 많이 투하한 기종이다. (RG 342-FH, Box 3058, NASM 4A 38620, NA2)

1951년 7월, 미 5공군 18전투폭격비행단 기지 활주로 옆에 네이팜탄이 쌓여있다. 그 뒤로 F-51 머스탱 전폭기가 줄지어 이동하고 있다. (RG 342-FH, Box 3006, NASM 4A 27110, NA2) (위)

1951년 2월 10일, 미 극동공군 전폭기가 투하할 네이팜탄을 민간인들이 점검하고 있다. 미군 병사가 이들의 작업을 감독하고 있다. (RG 342-FH, Box 3006, NASM 4A 27113, NA2) (아래)

1951년 6월, 미 극동공군 315항공사단 병사들이 수륙양용차로 네이팜탄을 운반하고 있다. (RG 342-FH, Box 3006, NASM 4A 26942, NA2)

1951년 8월 16일, 한국 내 한 공군기지에서 미군 병사들이 5공군 18전투폭격비행단 소속 F-51 머스탱 전투기에 탑재할 네이팜탄 탱크를 점검하고 있다. 표면에 네이팜탄 용도로만 사용하라는 글귀가 적혀 있다. (RG 342-FH-3006, NASM 4A 27108, NA2)

1951년 5월, 일본의 미 5공군기지에서 네이팜탄 제조에 사용할 원료를 드럼통에 주입해 배합하고 있다. (RG 342-FH, Box 3007, NASM 4A 27118, NA2)

1952년 2월, 일본 한 군수공장에서 노동자들이 미군 폭격기가 한국전에 사용할 네이팜탄 탱크 접합부를 용접하고 있다. 네이팜탄 탱크는 미 극동공군 항공자재사령부(FEAMCOM)가 고속 비행하는 항공기에서 투하할 수 있도록 설계했다. 1951년에만 일본 내 공장에서 150,000개 네이팜탄 탱크를 생산했다. (RG 342-FH, Box 3034, NASM 4A 33115, NA2)

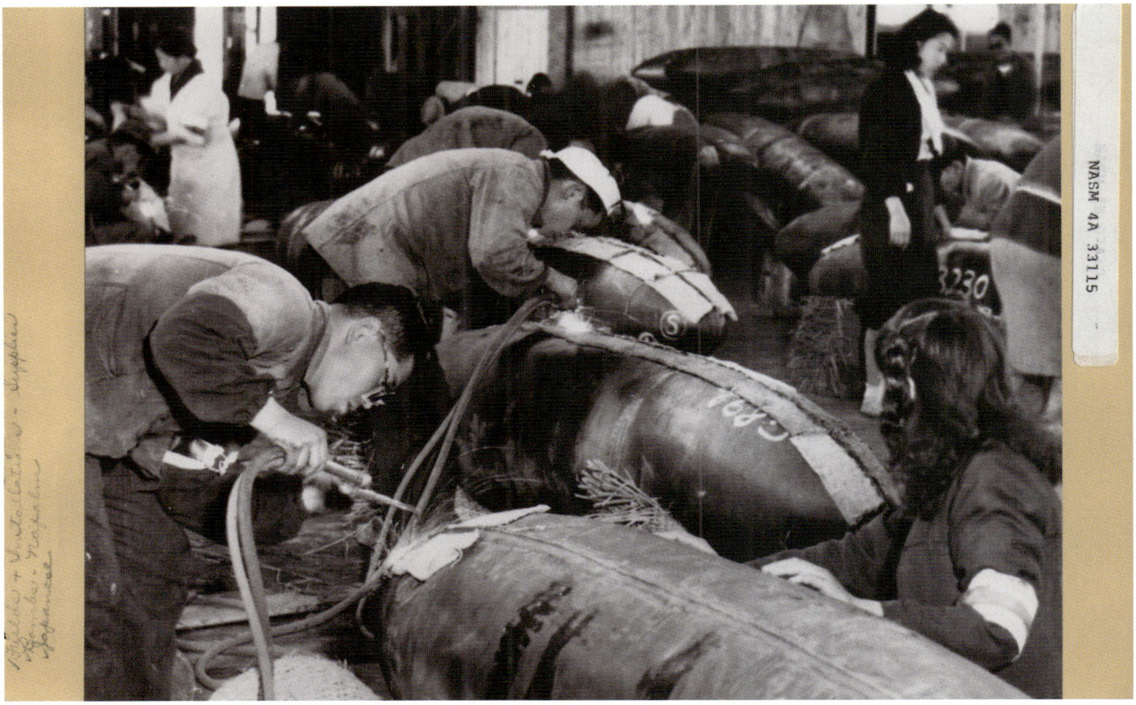

1951년 9월, 김포공항 내 미군기지 네이팜탄 야적장. 한 병사가 보초를 서고 있다. 미군이 네이팜탄을 얼마나 많이 사용했는지 여실히 보여주는 장면이다. (RG 342-FH, NASM 4A 27168, NA2)

A131106

A130886

1951년 4월 3일, 한국 내 미 해병대 항공기지에서 네이팜탄 운반용 소형 열차 위에 네이팜탄이 줄지어 실려 있다. 미군은 이 사진에서 네이팜탄은 "치명적인 가솔린 젤리" 라고 설명했다. 앞쪽으로 5인치 로켓탄도 보인다. 뒤쪽으로 미 해병대 항공단 제 214전투비행대대 소속 콜세어 전폭기가 출격을 준비하고 있다. (RG 127-GR-76-A131106, NA2) (왼쪽 위)

1951년 3월 28일, 한국 내 미 해병대 항공기지에서 한 병기관리병이 트럭으로 네이팜탄 운반용 소형 열차를 끌고 F4U 콜세어 전폭기 앞으로 가고 있다. (RG 127-GR-76-A130886, NA2) (왼쪽 아래)

1951년 9월 4일, 미 항공모함 복서(USS Boxer, CV21) 위로 네이팜탄을 2발씩 장착한 F4U 콜세어 전폭기 편대가 날고 있다. (RG 80-G-433002, NA2) (아래)

1950년 11월 17일, 눈보라가 치는 가운데 항공모함 필리핀씨(USS Philippine Sea, CV-47) 갑판에서 미군 병사들이 더글라스 AD 스카이레이더 왼쪽 날개에 장착한 네이팜탄 탱크 죔쇠를 점검하고 있다. (RG 80-G-422341, NA2)

32,357톤

미국은 한국전쟁 개전 초기부터 네이팜탄을 사용했다. 미 공군 통계에 따르면 1950년 7월 F-51 머스탱이 1.4톤, F-80 슈팅스타가 2톤의 네이팜을 투하했다. 8월에는 614톤으로 크게 늘고, 9월에는 인천상륙작전 등으로 대폭 증가해 1712톤으로 전월에 비해 3배가량 늘었다. 미 공군이 네이팜탄을 가장 많이 투하한 달은 1951년 4월 3854톤이다. 이를 전후한 6개월이 한국전쟁 기간을 통틀어 미 공군이 가장 많은 네이팜을 사용한 시기다. (116페이지 사진 참조)
미 공군이 네이팜탄 폭격에 운용한 항공기는 B-26, F-51, F-80, F-84, F-86 등 모두 5개 기종이다. 이 가운데 F-51 머스탱은 미 공군이 한국전쟁 때 투하한 네이팜탄 32,357톤 가운데 절반에 육박하는 15,221톤을 뿌렸다. 이어 F-80 슈팅스타가 8327톤을 투하했다. F-84 썬더제트가 5560톤, F-86 세이버가 148톤이다.

TABLE 23 — TONS OF NAPALM EXPENDED BY TYPE MODEL • BY MONTH —
26 JUNE 1950 THROUGH 27 JULY 1953

MONTH	TOTAL	B-26	B-29	F-51	F-80	F-84	F-86
Total	32,357	3,101	-	15,221	8,327	5,560	148
July - 1950 a/	3	-	-	1	2	-	-
August	614	1	-	610	3	-	-
September	1,712	98	-	1,601	13	-	-
October	671	-	-	647	24	-	-
November	1,548	260	-	1,180	108	-	-
December	1,964	554	-	1,004	356	b/ 50	c/
January - 1951	2,498	489	-	1,023	763	223	-
February	2,927	727	-	914	857	429	-
March	3,833	163	-	1,776	886	1,008	-
April	3,854	412	-	1,171	1,209	1,056	6
May	3,681	151	-	1,476	1,303	751	-
June	2,228	53	-	645	1,411	119	-
July	516	5	-	377	94	40	-
August	672	6	-	553	87	26	-
September	769	-	-	589	146	34	-
October	758	106	-	552	96	4	-
November	573	-	-	439	128	6	-
December	408	3	-	219	68	118	-
January - 1952	196	1	-	141	33	22	-
February	132	4	-	32	93	3	-
March	207	8	-	19	175	5	-
April	29	-	-	-	14	15	-
May	385	-	-	71	202	112	-
June	184	-	-	55	32	97	-
July	183	-	-	34	29	120	-
August	202	1	-	6	91	104	-
September	62	14	-	-	5	43	-
October	211	-	-	12	33	166	-
November	886	12	-	74	64	736	-
December	16	11	-	-	-	5	-
January - 1953	18	4	-	d/	-	14	-
February	14	1	-	-	1	12	-
March	76	9	-	-	1	3	63
April	12	5	-	-	-	7	-
May	56	4	-	-	-	52	-
June	117	-	-	-	-	111	6
July (thru the 27th) . .	142	-	-	-	-	69	73

한국전쟁 당시 미 공군 운용 기종별/월별 네이팜탄 폭격량 데이터. (United States Air Force Statical Digest-Fiscal Year 1953)

1951년 8월, 미 5공군 18전투폭격단 소속 F-51 머스탱 전투기가 평양 상공을 비행하고 있다. 이 전투기는 한국전쟁 동안 가장 많은 네이팜탄을 퍼부은 미 공군 소속 항공기다. 미 공군이 한국전쟁 때 투하한 네이팜탄 32,357톤 가운데 절반 가까운 15,221톤을 투하했다. (RG 342-AF-082041AC, NA2)

1951년 6월 1일, 미 제5공군 49전투폭격비행단 소속 F-80 슈팅스타 제트전투기들이 출격할 준비를 하고 있다. 이 제트기는 네이팜탄, 로켓, 캘리버50 등으로 무장했다. F-80은 한국전쟁 기간에 네이팜탄 8327톤을 투하했다. 공군기 중에서는 F-51에 이어 2위다. (RG 330-PS-Box 12, NA2) (위)

1951년 5월, 한국 내 한 공군기지에서 미 5공군 F-80 제트기가 출격 대기 중이다. 뒤쪽으로 미 공군 315항공사단 C-54 수송기가 이륙하고 있다. (RG 342-FH, Box 3004, NASM 4A 26413, NA2) (아래)

1952년 8월, 미 5공군 8전투폭격비행단 소속 F-80 슈팅스타 전투기 편대가 북한 상공을 비행하고 있다. (RG 342-AF-116806AC, NA2) (위)

1952년 10월, 미 5공군 474전투폭격비행단 소속 F-84 썬더제트 전투기가 38선을 넘어 북쪽으로 향하고 있다. F-84는 한국전쟁 때 5560톤의 네이팜탄을 투하했다. 미 공군기 중에서 3번째다. (RG 342-AF-82754AC, NA2) (아래)

1952년 8월, 미 5공군 49전투폭격비행단 소속 F-84 썬더제트가 다음 날 아침 출격을 앞두고 캘리버50 기관포 발사 점검을 하고 있다. (RG 342-AF-81859AC, NA2)

1950년 9월 6일, 일본 공군기지에서 미 5공군 B-26 경폭격기가 한국을 향해 이륙하고 있다. B-26은 한국전쟁 때 네이팜 3101톤을 투하했다. (RG 342-FH, Box 3002, NASM 4A 26045, NA2)

1951년 5월 29일, 미 5공군 452경폭격비행단 소속 B-26 폭격기가 북한 지역 상공에서 폭탄을 투하하고 있다. (RG 342-AF-79848AC, NA2)

1953년 9월, 김포비행장 상공을 B-26 경폭격기 편대가 날고 있다. (RG 342-FH, Box 3002, NASM 4A 26057, NA2)

1951년 10월 18일, 미 공군 B-26 경폭격기 편대가 북한 상공에서 500파운드짜리 파괴폭탄을 줄줄이 투하하고 있다. (RG 342-AF-80936AC, NA2)

1952년 2월, 한국 내 한 공군기지에서 B-26 경폭격기가 이륙을 준비하고 있다. (RG 342-FH, Box 3002, NASM 4A 26063, NA2)

1952년 9월, 미 5공군 51전투요격비행단 F-86 세이버 전투기가 출격하고 있다. F-86은 당시 미 공군이 운용한 가장 빠른 제트기로 소련제 MIG-15와 많은 공중전을 벌였다. F-86은 한국전쟁 때 네이팜탄을 투하한 5종의 미국 공군기 중 하나로 모두 148톤의 네이팜을 투하했다. (RG 342-AF-85396AC, NA2)

1952년 11월, 미 5공군 산하 51전투요격비행단 소속 F-86 세이버 편대가 북한 상공에서 폭격기 호위 작전을 수행하며 정찰비행을 하고 있다. (RG 342-AF-82790AC, NA2)

터리 영화 '이것이 한국이다(This is Korea)'는 미군이 얼마나 군사 목표만을 정밀하게 타격하는지를 극적으로 홍보한다. 하지만 실제 미군은 이 다큐멘터리 선전 내용과 달리 적과 민간인, 군사 목표와 민간 시설을 가리지 않는 무차별 폭격, 초토화 폭격을 일삼았고 수많은 민간인을 살상했다. 이 다큐에는 네이팜탄 효용을 자랑하는 장면이 곳곳에 들어있다. 자랑을 넘어 거의 숭배하는 듯한 느낌까지 들 정도다.

미 해군 선전 다큐 영화 '이것이 한국이다' 중 네이팜탄이 폭발하는 장면 연속 컷. (RG 428-npc-909, NA2)

다큐 영화 '이것이 한국이다'에서 한 마을에 네이팜탄이 폭발해 가옥이 검붉은 화염에 휩싸였다. (RG 428-npc-909, NA2)

다음은 네이팜탄 폭격과 폭발 장면을 배경으로 나오는 이 영화 내레이션 중 일부 대목이다.

다 튀겨버려, 구워버려, 요리해버려.
치명적인 신형 무기 네이팜탄, 가연성이 매우 높은 젤리 폭탄은 적들의 참호 위로 죽음의 화염을 뿌린다.
네이팜을 적의 거점에 뿌린다. 이런 공격을 피할 수 있는 방법은 없다.

 이것이 한국이다(This is Korea)

1951년 5월 12일, 미 공군이 네이팜탄 투하 300만 갤런 달성을 축하하며 F-80 슈팅스타 제트전투기 앞에서 포즈를 취하고 있다. 300만 갤런은 110갤런(416리터)짜리 대형 네이탐판 기준으로 2만 7천 273발에 이르고, 75갤런짜리로는 무려 4만 발에 이르는 양이다. (NA2)

1951년 5월 10일, 미군이 북한 한천에 투하한 네이팜탄이 마을 가옥을 불태우고 있다. (RG 330-PS-Box 12, NA2)

1951년 4월 18일, 미 5공군 452경폭단 소속 B-26 폭격기가 북한 원산역에 네이팜탄을 투하하고 있다. (RG 330-PS, Box 11, 1268, NA2)

1951년 6월 4일, B-26 폭격기와 C-47 수송기가 야간 합동 작전으로 투하한 네이팜탄이 폭발하고 있다. (RG 330-PS, Box 11, NA2)

1951년 4월 16일, 미 항공모함 바탄(USS Bataan, CVL-29)에서 출격한 미 제1 해병 항공단 F4U 콜세어 전폭기가 북한 해안에 인접한 철도와 선박에 네이팜탄 폭격을 가하고 있다. (RG 80-G-429656, NA2)

1950년 12월, 미 제1 해병 항공단 소속 조종사 등이 F7F 타이거캣 쌍발 중전투기 앞에서 네이팜탄 탱크에 '메리 크리스마스'라는 글을 써놓고 기념촬영을 했다. 이들은 네이팜탄이 "한국과 중국 빨갱이들에게 주는 크리스마스 선물"이라고 했다. (RG 127-GK, Box 4, A132638, NA2)

1951년 6월 5일, 북한 장도리에 B-26 폭격기가 투하한 네이팜탄이 폭발하고 있다. (RG 330-PS-Box 12, NA2)

1952년 10월, 미 해병 항공단 소속 F4U 콜세어 전폭기가 임진강 근처에서 북한군 진지에 네이팜탄을 투하했다. 사진 가운데 네이팜 화염 옆으로 임진강을 가로지는 다리가 보인다. (RG 80-G-447567, NA2)

1951년 6월 5일, 북한 한천의 한 마을에 미 제5공군 소속 B-26 경폭격기가 네이팜탄과 파괴폭탄을 투하해 연기가 높이 치솟고 있다. 미군은 사진에 한천의 북한군 전쟁 물자를 공격했다는 설명을 달았다. 또 지속적인 전술폭격은 적의 전쟁 잠재력을 뺏는 것이라고 했다. 그러나 사진은 미군이 민가 밀집 지역을 폭격하고 있음을 보여준다. (RG 330-PS-Box 12, NA2) (왼쪽 페이지)

1951년 4월 23일, 미 5공군 452경폭격단 소속 B-26 폭격기가 네이팜탄으로 열차를 폭격했다. (RG 342-AF-79649AC, NA2)

1951년 3월 21일, 미 5공군 B-26 폭격기가 북한 지역에 네이팜을 투하해 화염이 퍼지고 있다. (RG 330-PS, Box 10, NA2)

끔찍한 피해

뉴스타파가 미국 국립문서기록관리청(NARA)에서 수집한 네이팜탄 피해 여성 사진이다. 87페이지에 있는 이미지의 원본 사진이다. (RG 319, CE, Box 39, 357516-W, NA2)

1951년, 네이팜탄 폭격으로 얼굴과 손에 화상을 입은 중국인민지원군 포로들이 부산 포로 구역에 서 있다. (RG 319-CE, Box 39, SC 363655-W, NA2)

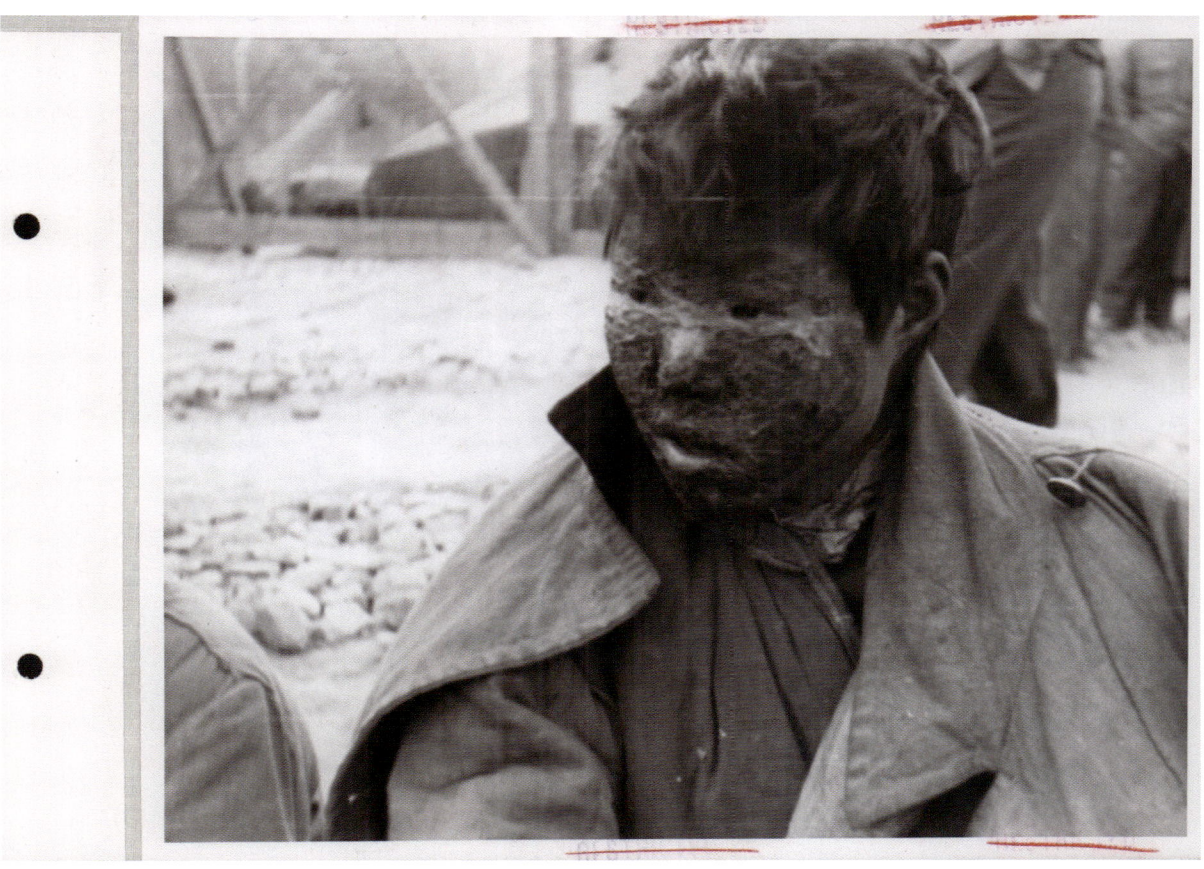

1951년 2월 26일, 네이팜탄 폭격으로 화상을 입은 한 한국 육군 중위가 부산 유엔군 3포로수용소 4의료수용동에 치료를 받기 위해 왔다. (RG 319-CE, Box 39, SC 359540-W, NA2)

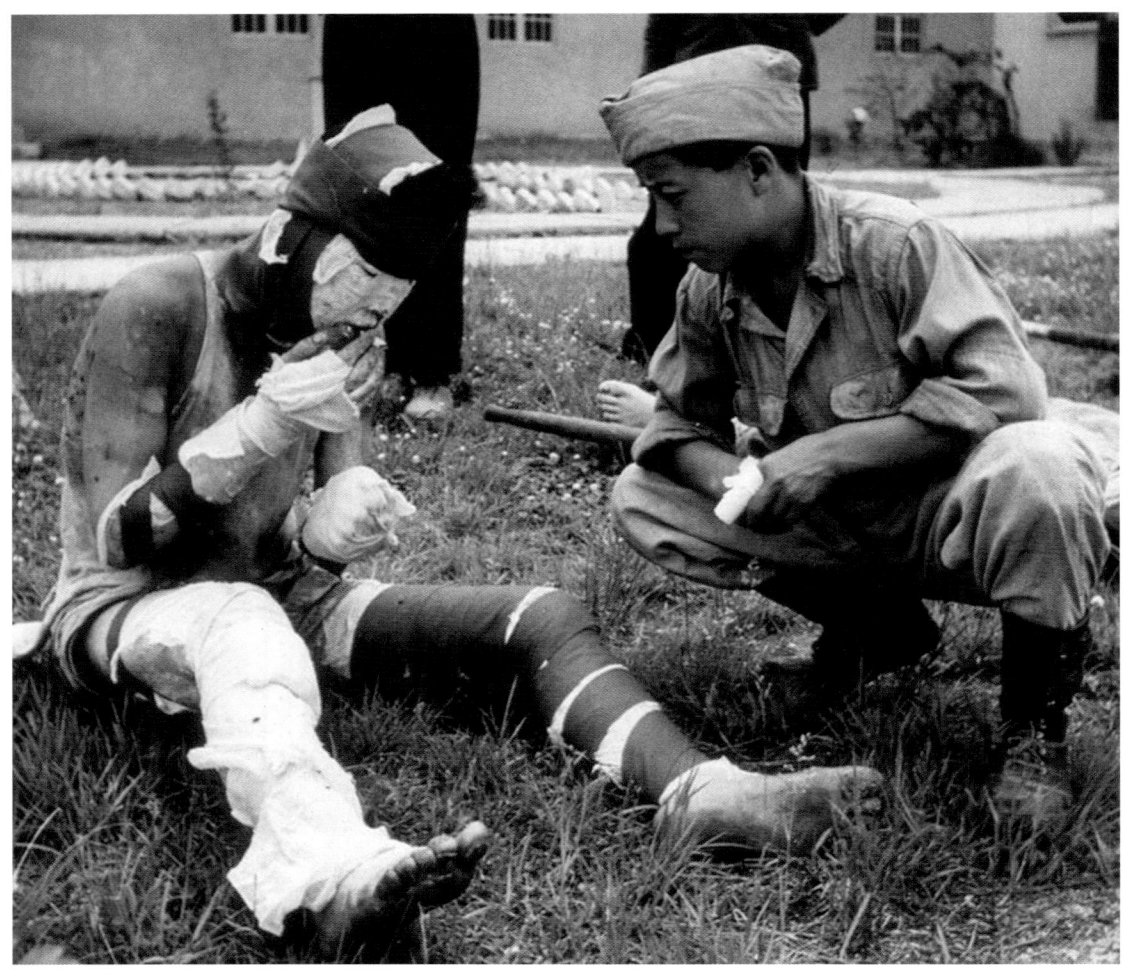

1950년 8월, 네이팜탄 폭격으로 얼굴과 다리 등에 화상을 입은 한 한국군 병사가 담배를 피우고 있다. (RG 306, PS, NA2)

1950년 9월 24일, 미군이 네이팜탄 폭발로 3도 화상을 입은 한국 소년을 치료하고 있다. (RG 111-SC, Box 738, SC-349356, NA2)

1951년, 민간인이 네이팜탄에 화상을 입고 치료받고 있다. (ICRC Photo, VP-KPKR-N-00025-35, ICRC) (위)
1950년 9월, 미군의 폭격 이후 월미도 곳곳에 시신과 부상자들이 널려있다. (RG 111-ADC-8289, NA2) (아래)

폭격으로 무너진 가옥 안에 훼손된 신체 일부가 보인다. (위)
월미도 민간인 거주지역 주택은 대부분 이렇게 파괴됐다. (아래) (RG 111-ADC-8289, NA2)

1951년 5월 29일, 23연대 의료구호소에서 네이팜탄으로 얼굴에 화상을 입은 중국인민지원군 포로가 음식을 먹고 있다. (RG 319-CE, Box39, SC-368701, NA2)

네이팜 사용을 중단하라

1952년 10월 23일, 비인도적 무기인 네이팜탄의 위험을 폭로하기 위해 영국 시민단체가 제작한 <네이팜(Napalm)> 책자 표지. (RG 306, P 259, Box 2, NA2)

A black cloud of burning jellied petrol gushes upwards and outwards enveloping a Korean homestead. The entire front of the building is blown out by its fierce heat. This is Napalm. Its victims are instantaneously charred to death or blinded and burnt for life.

"젤리 휘발유 화염에서 나오는 시커먼 구름이 한국의 한 농가를 완전히 뒤덮고 있다. 맹렬한 열기가 건물 앞부분을 전부 날려버렸다. 이것이 네이팜이다. 네이팜탄 희생자는 순식간에 불에 타 죽거나, 평생 실명하고 화상 자국을 지녀야 한다."

바다와 하늘

미국 공군은 한국전쟁 동안 네이팜탄을 모두 32,357톤 사용했다. 미 해군과 해병대 사용량은 제외한 수치다. 미 해군과 해병대 항공단은 공군과는 별도로 함재기 등을 동원해 네이팜탄을 무수히 투하했다. 많은 민간인 학살도 자행했다. 한국전쟁에 참여한 미국 항공모함은 고속 항모 11척, 경 항모 1척, 호위 항모 5척이다. 한국전쟁에 가장 먼저 배치한 미국 항모는 밸리포지, 두 번째는 필리핀씨, 세 번째는 복서다.
2차대전 종전 후 새 수요를 찾던 미국 군수산업에 한국전쟁은 절호의 기회였다. 무기를 개발하고 경쟁하는 각축장이 됐다. 2차대전 말기에 실전에 사용하기 시작한 네이팜탄은 한국전쟁 때 성능 개량을 거듭했다. 군 항공기 산업은 그야말로 새 전성기를 맞았다. 제트전투기, 전폭기를 실전에 본격 투입한 전쟁이 바로 한국전쟁이다.
F2H 밴시는 미 해군 최초의 항공모함용 제트전투기다. 2차대전 이후 개발해 한국전이 터지자 바로 실전에 투입했다. F9F-2 팬서는 미국 해군이 도입한 두 번째 제트전투기다. 한국전 동안 미 해군이 가장 많이 운용한 제트전투기로 한국인 사이에선 일명 '쌕쌕이'로 불렸다.
미 공군이 운용한 F-80 슈팅스타, F-84 썬더제트, F-86 세이버도 한국전쟁에 본격 실전 배치했다.

During her one combat deployment of the Korean War, Antietam (CV 36), with Air Group 15 embarked, operates with Task Force 77 in October 1951. Within the year, the carrier would be modified to receive the U.S. Navy's first angle flight deck, a technological development that would revolutionize naval aviation.

Fast Carriers

Essex (CV 9)
Boxer (CV 21)
Bon Homme Richard (CV 31)
Leyte (CV 32)
Kearsarge (CV 33)
Oriskany (CV 34)
Antietam (CV 36)
Princeton (CV 37)
Lake Champlain (CV 39)
Valley Forge (CV 45)
Philippine Sea (CV 47)

Light Carrier

Bataan (CVL 29)

Escort Carriers

Rendova (CVE 114)
Bairoko (CVE 115)
Badoeng Strait (CVE 116)
Sicily (CVE 118)
Point Cruz (CVE 119)

Note: Fast carriers (CVs) were re-designated attack carriers (CVAs) on 1 October 1952.

1952년 10월 1일, 한국전쟁에 참여한 에식스급 고속 항모 11척 가운데 하나인 앤티텀(USS Antietam,CV-36)이 항해하는 모습이다. 미군이 한국전 때 운용한 항공모함 17척 목록이다. (Naval History and Heritage Command)

1950년 7월 3일과 4일, 미 항공모함 밸리포지(USS Valley Forge, CV-45)와 영국 해군 HMS 트라이엄프에서 출격한 전폭기들이 평양 남쪽 지역 철도 시설을 폭격하고 있다. 한국전쟁 발발 약 10일 뒤에 일어난 이 폭격은 한국전쟁 최초 항공모함 함재기 동원 공중폭격이다. (RG 80-G-417148, NA2)

1950년 12월 1일, 미 해군 항공모함 중 한국전쟁에 가장 먼저 배치된 밸리포지(USS Valley Forge, CV-45)가 한국전에서 5개월간의 임무를 마치고 미국 샌디에이고로 귀환했다. 하지만 며칠 뒤 중국인민지원군의 한국전 개입에 대응하기 위해 다시 한국으로 향한다. (NH 96941, NHHC)

1950년 12월 6일, 미 항모 밸리포지가 한국전에 복귀하기 위해 샌디에이고에서 출항했다. (NH 96940, NHHC)

1950년 11월 15일, 눈보라가 치는 가운데 미 해군 항공모함 필리핀씨(USS Philippine Sea, CV-47) 갑판에 F4U-4B 콜세어 전폭기와 더글라스 AD 스카이레이더 공격기가 날개를 접고 계류 중이다. 필리핀씨는 한국전쟁이 발발하자 미 항공모함 중 두 번째로 한국에 배치됐다. (RG 80-G-439869, NA2)

1950년 10월 2일, 미 항공모함 필리핀씨에서 출격한 113전투비행대대 소속 F4U-4B 콜세어가 인천 앞바다 상공을 순찰하고 있다. 멀리 월미도가 보인다. (RG 80-NH-97076, NA2)

1950년 11월 29일, 미 항공모함 필리핀씨가 미 해군 탄약 수송선 마운트 카트마이에서 폭탄을 보급받고 있다. 필리핀씨 행거에 승조원들이 서 있다. 그 위 갑판에 날개 접은 F9F-2 팬서 제트전투기가 보인다. (RG 80-G-439879, NA2)

1950년 10월 19일, 한국전쟁에 출전한 미 항공모함 필리핀씨 주갑고에서 승조원들이 나무 레일 위로 1000파운드짜리 파괴폭탄을 굴려 운반하고 있다. (RG 80-G-420962, NA2)

1950년 10월, 미 항공모함 필리핀씨에서 병기병이 F4U-4B 콜세어 전폭기에 5인치 로켓탄을 장착하고 있다. (RG 80-G-420922, NA2)

1950년 10월 19일, 미 항공모함 필리핀씨에서 데크 트랙터가 111전투비행대대 소속 F9F-2 팬서 제트전투기를 끌고 있다. 팬서 왼쪽에 F4U-4B 콜세어 전폭기도 보인다. (RG 80-G-420925, NA2)

1950년 10월 19일, 미 항공모함 필리핀씨에서 113, 114 전투비행대대 소속 F4U-4B 콜세어 편대가 북한 공습을 위해 출격하기 직전이다. 전폭기에 탑재된 각종 폭탄과 로켓탄이 보인다. (RG 80-G-420926, NA2)

1950년 10월 19일, 네이팜탄과 로켓탄을 장착한 F4U-4B 콜세어 전폭기가 미 항공모함 필리핀씨에서 이륙하고 있다. (RG 80-G-420932, NA2)

1950년 10월 19일, 114전투비행대대 소속 F4U-4B 콜세어 전폭기가 폭격 작전을 마치고 미 항공모함 필리핀 씨에 복귀하고 있다. (RG 80-G-420942, NA2)

1950년 12월 7일, 미 항공모함 필리핀씨에 113전투비행대대 콜세어가 착륙하고 있다. (RG 80-G-423961, NA2)

1950년 7월 8일, 미국 캘리포니아 알라메다 기지에서 미군 병사들이 미 항공모함 복서(USS Boxer, CV21)에 타기 위해 대기하고 있다. 복서는 한국전쟁에 배치할 미 공군과 해군 소속 항공기 170대와 병사들을 일본 미군기지로 운송한다. 사진 왼쪽 위에 공군 소속 머스탱 전폭기 2대가 보인다. (NH 96986, NHHC)

1950년 8월 22일, 미국 캘리포니아 알라메다 해군 항공기지(NAS Alameda)에서 한국전에 배치할 F4U 콜세어 전폭기를 미 해군 항공모함 복서(USS Boxer, CV21) 갑판으로 선적하고 있다. (RG 80-G, Box 1697, 418070, NA2)

1950년 11월, 미국 항공모함 복서(USS Boxer, CV-21)가 한국전쟁 배치 명령을 받고 샌프란시스코항을 떠나 금문교 아래를 막 지나는 순간이다. 복서는 미 항모 중 세 번째로 한국전에 참전했다. (NH 97282, NHHC)

1951년 6월 23일, 미 해군 721전투비행대대 소속 F9F-2 팬서 전투기 4대가 작전을 마치고 미 항공모함 복서로 귀환하기 위해 랜딩기어를 내리고 착륙 준비를 하고 있다. (NH 97281, NHHC)

1951년 9월 4일, F4U 콜세어 전폭기가 한국전쟁 작전 도중 미 항공모함 복서 위를 비행하고 있다. (RG 80-G-433005, NA2)

1951년 9월 4일, 미 항모 복서가 갑판에 F4U 콜세어 전폭기를 싣고 항해 중이다. 항모 위로 콜세어 전폭기 2대가 날고 있다. (RG 80-G-433005, NA2)

1950년 12월 1일, 미국 항공모함 레이테(USS Leyte, CV-32)가 한국전쟁 작전 중 휴식을 위해 일본 요코스카 미 해군 작전기지로 왔다. (RG 80-G-424599, NA2)
레이테는 미 해군 전폭기 콜세어 조종사를 주인공으로 한 실화 바탕 영화 <디보션>의 항공모함 실제 모델이다. 영화는 미 해군 조종사들의 애국심과 영웅담을 감동적으로 그리지만 미 항공모함 함재기 폭격으로 숱한 한국 민간인이 희생됐다는 사실은 물론 전혀 다루지 않는다.

1950년 10월과 11월 사이 어느 날, 한국전쟁에 참전한 미 항공모함 밸리포지(Valley Forge, CV-45)와 레이테(USS Leyte, CV-32)가 일본 사세보항에 정박 중이다. (RG 80-G-426270, NA2)

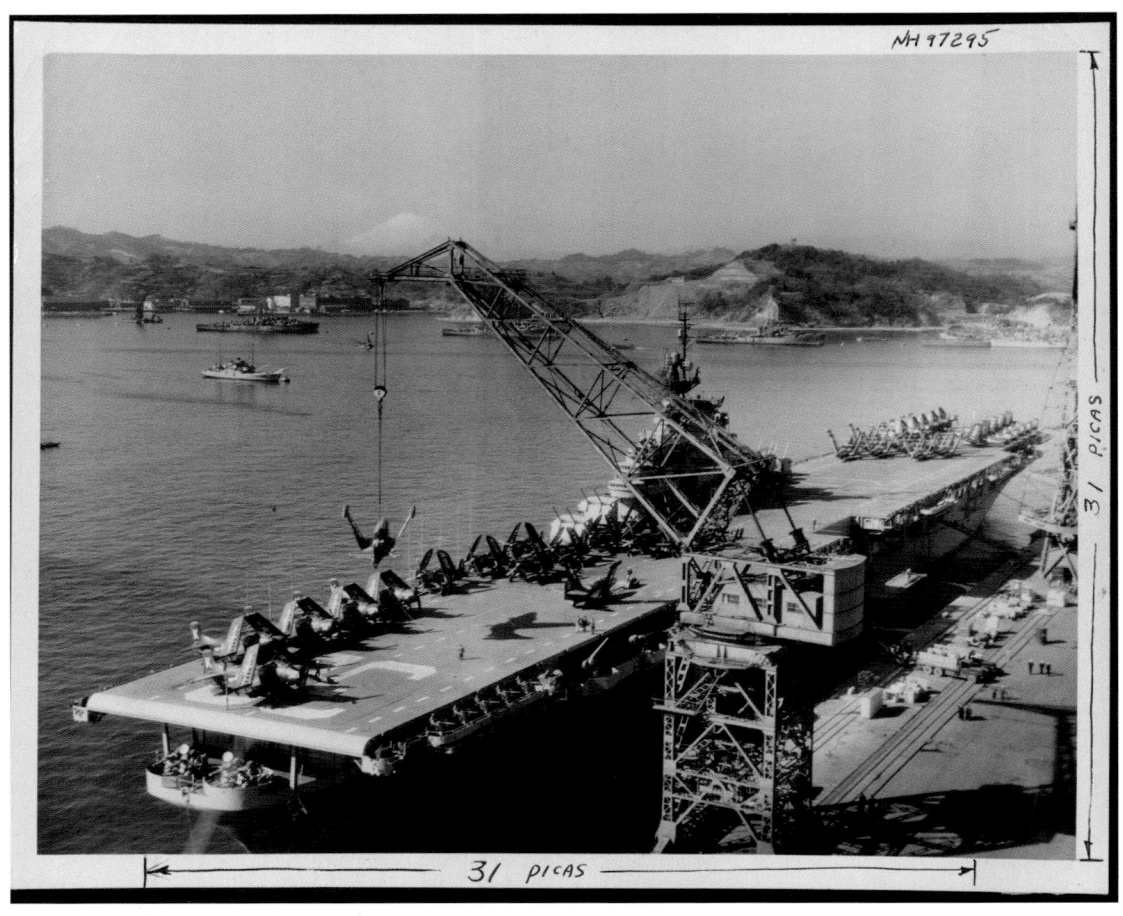

1951년 1월 4일, 일본 요코스카항 부두에 접안한 미 항모 레이테 갑판에 항공기를 싣고 있다. 멀리 눈 덮인 후지산이 희미하게 보인다. (NH 97295, NHHC)

1950년 7월, 캘리포니아 샌디에이고 노스 아일랜드 해군 항공기지에서 한국전에 투입할 해병대 항공단 F4U-4B 콜세어 전폭기를 미 항공모함 바둥스트레이트(USS Badoeng Strait, CVE-116)에 싣고 있다. (NH 96995, NHHC) (오른쪽 페이지)

1950년 11월 14일, 미국 항공모함 바둥스트레이트(USS Badoeng Strait, CVE-116) 비행 갑판 위에서 병사들이 눈을 치우고 있다. (NH 97372, NHHC)

미국 해군 에식스급 1호 항공모함인 에식스(USS Essex, CV-9)는 1951년 8월부터 1952년 3월까지 한국전쟁에 배치됐다. 172전투비행대대 F2H-2 밴시 제트전투기 2대가 에식스에 착륙하기 위해 옆을 날고 있다. (RG 80-NH-97270, NA2) F2H 밴시는 미 해군 최초 항공모함용 제트전투기다.

1951년 9월 15일, 미 항공모함 에식스에서 출격한 F2H-2 밴시 제트전투기가 북한 지역 해안 상공을 비행하고 있다. (RG 80-G, Box 1819, 436714, NA2)

1951년 9월, 미 항모 에식스에서 출격한 F9F-2 팬서 제트전투기가 북한 해역 위를 비행하고 있다. (RG 80-G, Box 1819, 436718, NA2)

1951년 9월, 미 항모 에식스에서 이륙한 F2H 밴시가 원산 폭격 작전을 수행하기 위해 원산으로 향하고 있다. (RG 80-G, Box 1819, 436724, NA2)

1950년 9월 15일, 미 항모 에식스에서 이륙한 F9F-2 팬서 제트전투기 2대가 북한 상공에서 작전을 수행하고 있다. (RG 80-G, Box 1818, 436716, NA2)

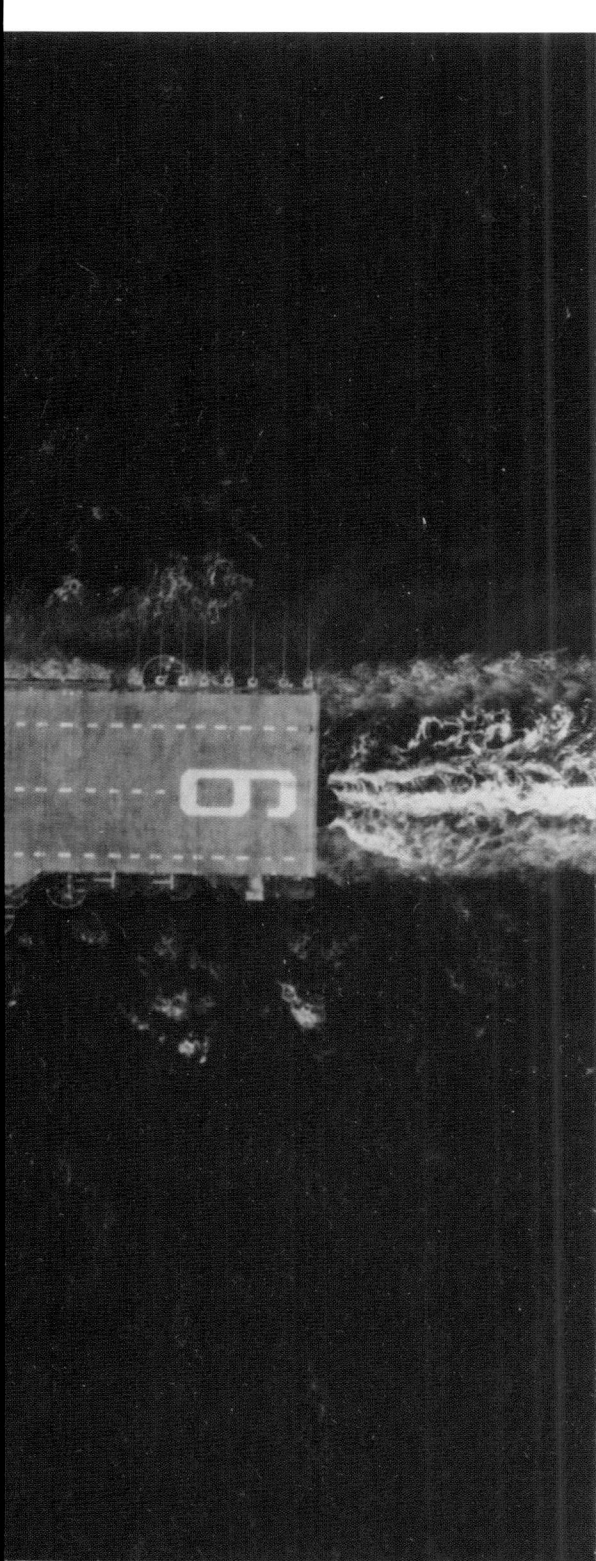

1951년 10월 4일, 헬기에서 수직 촬영한 미 항모 에식스. (RG 80-G, Box 1819, 436747, NA2)

1951년 10월, 폭격 작전을 마친 더글라스 AD 스카이레이더 공격기가 미 항모 에식스로 귀환하고 있다. (RG 80-G, Box 1819, 436746, NA2)

1951년 11월, 더글라스 AD 스카이레이더 공격기가 미 항모 에식스로 귀환하고 있다. (RG 80-G, Box 1819, 436752, NA2)

1951년 10월, F4U 콜세어 전폭기가 작전을 마치고 미 항모 에식스에 착륙하기 위해 랜딩기어를 내렸다. (RG 80-G, Box 1819, 436751, NA2)

1951년 10월 14일, 미 해군 구축함 셸턴이 연료 보급을 위해 미 해군 항공모함 에식스에 접근하고 있다. (RG 80-G, Box 1819, 436748, NA2)

1951년 11월 27일, 미 해군 항공모함 시실리(Sicily, CVE-118)에 착륙하던 뇌격기 TBM 어벤져가 갑판을 지나쳐 바다에 빠졌다. 조종사가 날개 위에 서서 구조를 기다리고 있다. (RG 80-G, Box 1819, 436789, NA2)

1951년 1월 30일, 미 5공군 B-29 중폭격기 편대가 북한 지역에 융단폭격을 가하고 있다. (RG 342-AF, 078774AC, NA2)

미 공군이 한국전쟁 때 사진 정찰기로 운용한 F-80C. (RG 342-AF-85336AC, NA2)

1951년 2월, 미 극동공군 452경폭격비행단 소속 B-26 폭격기가 발사한 로켓이 목표물을 향해 날아가고 있다. (RG 342-AF-79627AC, NA2)

1951년 5월 16일, 미 항공모함 프린스턴(USS Princeton, CV-37) 탄약고에서 병기병들이 포탄을 탄약 운반 전용 승강기에 실어 항공기가 출격을 준비하는 갑판 위로 올려보내고 있다. 항모 프린스턴에서는 작전이 있는 날마다 하루 100톤 넘는 폭탄을 전폭기 등에 탑재했다. 승강기 위에 '최대 적재 중량 5500파운드' 라는 글이 보인다. (NH 97042, NHHC)

이 프린스턴호에서 출격한 F4U 콜세어 4대와 AD 스카이레이더 3대는 1951년 1월 5일 강원도 홍천 삼마치 고개 일대를 지나던 3천여 명의 피난민 행렬을 향해 네이팜탄과 파괴폭탄을 투하했다. 이 무차별 폭격으로 피난민 천여 명이 사망했다. 한국전쟁 시기 피난민을 겨냥한 최악의 폭격으로 기록된다.

1951년 3월 12일, 북한 원산항 앞바다에서 미 해군 탄약 운반선 파리쿠틴(USS Paricutin, AE-18)이 미 해군 순양함 맨체스터(USS Manchester, CL-83)에 포탄을 공급하고 있다. (RG 80-G-427259, NA2)

1950년 7월에서 10월 사이, 일본 사세보항에서 한 미 해군 탄약 운반 바지선이 한국 해역에서 전투에 참가하고 돌아온 미 순양함 톨레도(USS Toledo, CA-133)에 8인치 포탄과 화약통을 보급하고 있다. (NH 96905, NHHC) (오른쪽 페이지)

1951년 2월 14일, 한국전에 배치된 미 해군 아이오와급 전함 미주리호에서 승무원들이 기중기를 이용해 16인치 대형 포탄을 싣고 있다. (NH 96784, NHHC)

1950년 12월, 미 항공모함 바둥스트레이트에서 미 해군과 해병 병기병들이 F4U-4B 콜세어 전폭기에 탑재할 네이팜탄과 5인치 로켓탄을 운반하고 있다. (NH 97059, NHHC) (오른쪽 페이지 위)

1950년 7월 18일, 일본의 한 미 공군기지 내 참호에서 대공포를 점검하는 병사들 앞으로 F-80 슈팅스타 제트전투기가 지나가고 있다. (RG 342-FH, Box 3004, NASM 4A 26533, NA2) (오른쪽 페이지 아래)

04

폭격과 학살

2장에서 다룬 미 해병 항공기의 월미도 주민 집단 학살 사건은 빙산의 일각이다. 한국전쟁 당시 미군 공중폭격으로 얼마나 많은 민간인이 사망했는지는 정확하게 알 수 없다. 한 번도 체계적으로 조사한 적이 없다. 당연히 공식 통계도 없다. 다만 2005년부터 2010년까지 활동한 제1기 〈진실화해를 위한 과거사 정리위원회〉(이하 진실화해위)가 피해자나 유가족 신청을 접수해 진상조사를 한 사건 목록과 이를 통해 확인 또는 추정하는 희생자 수가 그나마 유일한 공식 자료다.

진실화해위가 조사해서 결론을 내린 사건은 한국전쟁 발발 직후인 1950년 7월 이리역 미군 폭격 사건을 시작으로 같은 해 9월 월미도 폭격 사건, 1951년 1~2월 경기 지역 미군 폭격 사건까지 모두 20건이고 진상규명으로 확인했거나 추정한 사망자 수는 7200여 명에 이른다. 물론 이 20건도 빙산의 일각일 뿐이다. 한국전쟁 기간에 미 공군 폭격으로 한반도 곳곳에서 수많은 민간인이 목숨을 잃었다. 진실화해위는 한국전쟁기 미군에 의한 민간인 희생 사건을 규명해 달라는 신청을 모두 172건 접수했다. 이 가운데 미군 공중폭격 관련 사건이 120건으로 70%를 차지했다. 폭격으로 인한 사망자 수는 전체 미군 사건 희생자의 90%를 넘는다.

제1기 진실화해위원회 안병욱 위원장은 뉴스타파 인터뷰에서 한국전쟁 때 발생한 민간인 집단 학살 사건은 진실화해위원회가 접수한 사건이 전체 발생 사건의 5~10%에 불과했고, 나머지는 조사 신청이 안 돼 조사할 기회가 없었다고 말했다.
2020년 출범한 제2기 진실화해위는 2022년 6월 새롭게 접수한 미군 관련 민간인 희생 진실규명 신청 사건을 조사하기로 결정했다. 조사 개시 사건은 모두 40건으로 경상남도 진주시, 경상북도 포항시, 강원도 태백시, 경기도 김포시 등 전국 각지에서 발생했다.

B-29 이리역 학살 사건 두 달여 뒤인 1950년 9월 16일 미 5공군 3폭격단 소속 B-26 경폭격기가 이리시(지금의 익산시) 이리역 조차장에 폭탄을 투하하고 있다. (RG 342-FH-Box 3061, NASM 4A 39318, NA2)

한국전쟁이 발발하고 불과 17일 뒤인 1950년 7월 11일, 전라북도 이리시(현 익산시) 철인동 이리역 상공에 미 극동공군 폭격기사령부 산하 제19폭격전대 소속 B-29 중폭격기 2대가 나타났다. B-29를 목격한 사람 대부분은 아군기가 왔다고 손을 흔들며 환영했다. B-29에서 파괴폭탄이 떨어질 때까지도 이것이 폭탄인 줄 모르고 미군 선전물을 담은 '삐라 폭탄'으로 생각했다고 한다. 하지만 이 물체가 지상에 닿자 이리역 일대는 일순간에 아비규환이 됐다.

이날 오후 2시부터 3시 30분 사이에 이리역과 평화동 변전소, 목천동 만경강 철교 등에 투하한 폭탄으로 이리역 역무원과 열차 승객, 주변 시민 등 수백 명이 사망했다. 제1기 진실화해위원회가 신원을 확인한 희생자는 60명, 진실규명 신청은 하지 않았으나 기관 자료에 희생 사실이 기록된 사람은 이리역 근무자 등 31명이다. 신원 확인 희생자는 이렇게 91명이지만 실제 폭격 희생자는 이보다 훨씬 많다.

다음은 1953년에 교통부에서 발간한 한국교통동란기에 담긴 이리역 미군 폭격 관련 기록 중 일부다.

이날 오전 11시에 구름 덮인 서남방 상공으로부터 난데없는 중폭격기 두 대가 나타나더니 이리지구 상공을 선회하기 시작하였다. 우군기 B-29에 틀림없었다. 대기 중인 종업원들은 모두들 실외로 뛰어나와 우군기를 맞으며 환호하였던 것이다. 지리에 어두운 우군기는 교통부 직원들의 환호를 적군으로 오인하였던 것이리라. 역사와 운전사무소를 비롯하여 모든 철도시설과 아울러 환호하는 종업원들 두상에 그대로 폭탄의 세례를 주었던 것이다.

"B-29야, B-29야, 하면서 모두들 좋아하였지요. 그러더니 기수를 아래로 돌려 저공으로 내려오면서 까만 덩어리들을 떨어트리기 시작하는 것을 똑똑히 볼 수 있었어요. 삐라다, 삐라다, 모두들 이렇게 외치는 순간 쾅쾅 요란한 폭발과 함께 순식간에 먼지와 연기에 눈앞이 보이지 않은 생지옥이 되었어요. 삐란 줄 알았지 누가 폭탄인 줄 알았겠습니까."

부상자 중 한 사람인 당시 이리운전사무소 기술주임 설 모는 후일 그때의 체험담을 이렇게 말하였다. 공격 목표는 구내 운전사무소였다. 일대에 산재하여 작업 중인 기관차는 물론 구내시설에 대하여 가공할 폭격을 하였다. 폭격을 받으면서도 아방인 것을 표시키 위하여 피신할 생각은 않고 나서서 두 손을 내저으며 소리소리 외쳤으나 고도 수천척 상공의 비행기에는 들릴 리가 없었다. 생각다 못하여 태극기를 두르며 사무실로 뛰어갔다가 그대로 폭풍과 함께 멀리 산산이 흩어졌다.

B-29 이리역 학살 사건 두 달여 뒤인 1950년 9월 16일, 미 5공군 3폭격단 소속 B-26 경폭격기가 이리역 조차장에 로켓탄을 발사하고 있다. B-26은 14기 로켓탄을 탑재한다. (RG 342-FH, NASM 4A 39327, NA2)

곡계굴

곡계굴 민간인 학살 사건이 발생한 충청북도 단양군 영춘면 전경. (뉴스타파)

1951년 1월 20일 오전 9시 50분쯤, 미 5공군 35전투요격단 소속 머스탱 전폭기 2대가 단양군 영춘면 일대에서 1차 폭격을 시작했다. 네이팜탄과 로켓탄을 퍼붓고 캘리버50 기관포를 갈겼다. 이어 10시 25분쯤 미 5공군 49전투폭격단 7, 9전투폭격대대 소속 F-80 슈팅스타 제트전투기 8대와 T-33기 1대가 합류해 네이팜탄을 투하하고 로켓탄을 발사했다. 미 공군의 무자비한 폭격으로 영춘면 곡계굴에 있던 피난민이 학살당했다. 진실화해위원회 조사로 희생자 167명의 신원을 확인했으나 무연고 희생자까지 포함하면 실제 민간인 희생자는 300명 이상으로 추정한다. 다음은 진실화해위의 곡계굴 미군 폭격 학살 사건 조사보고서 내용 가운데 일부다.

    1951년 1월 20일, 단양 영춘면 일대 공중폭격 과정에서 곡계굴에 은신해 있던 민간인들이 희생되었다. 굴 내부에 있던 사람들은 미 공군기 네이팜탄 폭격으로 대부분 불타거나 질식사하였다. 일부 굴 밖으로 나온 사람들은 기총사격에 의해 사망 또는 부상당하였고, 그중 극히 일부만 생존하였다. 사건 발생 1주일 후, 미군이 곡계굴에 와서 폭격 상황과 민간인 희생 사실을 조사한 것으로 추정하지만, 후속 조치는 없었다…현재 신원이 확인된 희생자는 총 167명이다. 이들 중 19세 이하 미성년자가 62%로 상당히 높은 비율이며, 여성 희생자도 남성 희생자를 상회하는 것으로 확인되었다. 당시 이곳이 전투지역이었다고 하나 희생된 다수가 미성년자와 여성이라는 사실은 미군이 대대적인 폭격과 소각 작전으로 민간인이 대량으로 희생될 위험성을 거의 고려하지 않았음을 말해준다. 1951년 1월 20일에는 위의 곡계굴 이외에도 영춘면 상.하리 및 용진리 일대에 공중폭격이 있었으며, 이로 인해 하리에서 2명, 용진리에서 3명의 희생자가 발생하였다. 본 사건은 미군의 네이팜탄 폭격과 기총사격으로 인해 비전투 민간인들이 집단적으로 희생된 사건이다. 전투지역에서 작전상 피난민 통제가 불가피했다고 하더라도, 미군은 민간인들이 생존을 위해 전투지역을 벗어나려는 피난 행위를 저지하였다. 한국의 지방정부 역시 피난민들에게 체계적인 피난 조치를 취하지 않았기 때문에 이들은 아무런 보호도 받을 수 없었다. 이러한 상황에서 미군은 다수의 민간인이 존재하는 봉쇄된 전투 근접 지역에 무차별 폭격을 단행하였으며, 정찰 및 공중폭격 과정에서도 인민군과 민간인을 구별하려는 노력을 충분히 기울이지 않았기 때문에 곡계굴 폭격으로 수많은 민간인이 희생되었다.

다음은 진실화해위 보고서 중 생존자 증언 등을 정리한 대목이다-.

진술인들은 1951년 1월 20일 오전 10시경(또는 10시 30분경) 정찰기가 곡계굴 근처에 왔으며, 그때 15~20명가량의 어린이들이 굴 밖에서 놀고 있었다고 증언하였다. 당시 목격자들에 의하면 정찰기가 매우 낮게 떠서 돌자 이들은 바로 굴 안으로 들어갔으며, 이들이 굴 안쪽으로 채 10m도 못 갔을 때 폭격이 시작됐다고 하였다. 또한 생존자들의 증언에 의하면 굴 앞에 네이팜탄이 떨어지자 굴 내부로 유독가스가 유입되었고, 굴 내부에 있던 사람들은 어찌할 바를 모르고 우왕좌왕하면서 일부는 굴 깊숙이 들어가는가 하면 일부는 굴 밖으로 나가야 산다며 밖으로 뛰쳐나왔다고 하였다. 네이팜탄은 그 자체의 파괴력뿐만 아니라 일시에 주위 산소를 모두 연소시키고 일산화탄소를 다량으로 만들어내기 때문에 폭격 시 막힌 공간에서는 더욱 치명적이다. 굴 내부에서 질식사한 희생자가 많았다는 진술은 이러한 네이팜탄 특성에 기인하는 것으로 볼 수 있다.

곡계굴 학살 사건 현장. 왼쪽에 위령탑, 가운데에 굴 입구가 보인다. (뉴스타파)

1951년 1월 20일 미군의 네이팜탄 폭격 등으로 민간인 300명 이상이 사망한 곡계굴 입구. (뉴스타파)

'통한의 곡계굴 위령비'. 뒷면에 신원을 확인한 곡계굴 미군 폭격 희생자 167명의 명단이 새겨져 있다. (뉴스타파)

조병규 / 단양 영춘면 곡계굴 미군 폭격 사건 생존자, 단양 곡계굴유족회 회장 (1947년생, 당시 4세), 2020년 6월 19일과 2021년 1월 14일 뉴스타파 인터뷰

Q 영춘면 곡계굴 미군 폭격 당시 상황이 어땠나요?

A 그러니까 70년 전 얘기인데, 저는 원래 영춘면 상리 느티마을, 여기서 태어났는데 당시 4살 때예요. 제가 47년생이니까. 국민학교 5학년 고모한테 업혀 다니는 시절이었어요. 고모님이 나를 업고 이 곡계굴을 드나든 거예요. 여기에 강원도 쪽, 강릉에서 정선, 영월, 태백 이쪽 피난민들과 여기 마을 주민들이 들어왔어요. 그때 굴 안에 피난한 사람이 한 3~4백 명으로 추정해요. 이 안이 캄캄하고 막 답답했다는 그런 기억이 어렴풋하게 있어요. 그래서 어린 내가 업혀서 들어왔다가 막 울었나봐요. 하룻밤을 지내긴 했는데 이틀째 자려고 하니까 내가 너무 울어 젖히니까 피난민들이 이놈의 애가 시끄럽다고 나를 내쫓은 거예요. 그래서 고모가 할 수 없이 밤 9시쯤 나를 업고 집에 어머니에게 데려다주고 고모는 다시 이리로 돌아온 거예요. 그런데 그 다음 날 아침에 폭격을 해버린 거예요.

Q 그날이 1월 20일 아침이죠?

A 네. 느닷없이 아침 10시에 미국 폭격기가 와서 폭격을 해서 마을 전체를 완전히 불바다로 만든 거예요. 마을 50여 가구를 전부 다 태웠고 우리 행랑채가 유일하게 남았어요. 네이팜을 쏴버리니까 완전히 불길이 그냥 이 굴 안으로 들어갔겠죠. 네이팜을 쏘니까 모든 열기가 여기로 다 빨려 들어간 것 같아. 그래서 질식사하신 분도 많다고 해요. 나는 그때 어리고 집에 있다 보니까 잘 모르지만 사람들이 고모를 어떻게 꺼내 집으

로 들고 온 모양이야. 그런데 화상을 입어가지고 막 죽기 직전에 있었나 봐. 우리 사랑방에 고모를 데리고 온 기억이 나요. 고모가 곧 죽을 것 같은데 나는 겁이 나서 못 들어갔어요. 고모가 막 죽는다고 소리 치고 그랬나 봐요 어머니 말씀 들어보면. 그런데 나는 그때는 겁이 나서 그 방에서 고모 운명을 못 봤어요.

Q 가족 중 몇 분이나 희생되셨나요?
A 고모하고 할아버지, 내 동생 등 모두 네 분이 돌아가셨죠. 아버님은 공무원이라 일찌감치 영주 쪽으로 피난가셨고 작은아버님이 여기 굴 안에 같이 있었는데 폭격 이후에 죽은 줄 알고 꺼내놨는데 살아계셨어요.

Q 할아버님 유해는 굴 안에서 수습을 하신 거예요?
A 그렇죠. 어머님 말씀에 의하면 불에 다 타버렸으니 찾기가 힘들잖아요. 그래서 입은 옷 타다 남은 거, 그 다음에 이빨 등으로 보고 찾았다고 그래요. 시신 구분하기도 참 어려웠다 그러더라고, 비참한 거죠.

Q 1월 20일 폭격으로 몇 분이나 돌아가셨나요?
A 이 지역에 연고가 있는 주민 171분은 지난번에 진실화해위원회에서 진실규명을 해서 인정을 받았고 희생된 분들의 명단은 여기 이렇게 비석에 새겨져 있어요. 그리고 신원이 확인되지 않은 무연고자가 200여 분이라고 추산하고 있어요. 당시 여기에 피난 온 영월분인지 청송분인지 태백분인지 모르는 피난민들이 여기서 돌아가셨는데 못 찾아오는 거예요. 전국, 부산까지 다 피난을 다녔으니 여기서 죽었는지도 모르고 또 어떻게 찾을 길도 없잖아요 그때는. 그러니까 막 무조건 끌어내가지고 여기저기 묻었다가 한쪽으로 이렇게 안치한 거죠.

Q 폭격 이후 어떻게 살아오셨나요?
A 살던 집이 기와집이었는데 본채는 다 타버리고 타다 남은 행랑채를 보수하고, 그 다음에 방공호를 파서 움막처럼 해서 거기서도 살았죠. 나도 거기 드나들던 게 기억이 나거든요. 비참하게 살았어요. 전부 다 땅 파고 그냥 나무때기 이렇게 해서 살았다니까. 완전히 비참하게 살았는데 정부에서는 그때나 지금이나 뭐 1원 한 장 우리 유족들한테 해준 게 없어요.

Q 폭격 이후에도 마을에 흔적이 많이 남았겠어요?
A 탄피가 굉장히 많았어요. 밭이고 타버린 집터고 가면. 우리 집 본채 거기서도 내가 많이 주웠어요. 그때는 다 엿 사먹었다니까. 철부지 시절이니까. 어릴 때는 그거는 엿도 많이 줬어요, 그 탄피 그거는. 동네에도 많이 돌아다녔는데 이제는 그게 없더라고. 70년이 지난 지금에는 혹시 어디 찾아보면 있으려나 몰라도 이제는 눈에 안 띄더라고.

김주호 / 곡계굴 미군 폭격 사건 희생자 유족 (1958년생), 2021년 1월 14일 뉴스타파 인터뷰

Q 곡계굴 미군 폭격 사건으로 가족 중 누가 희생되셨나요?

A 저는 58년생이라 제가 태어나기 전 일인데 할머니, 고모, 누님 세 분 돌아가셨어요. 일가족 5분이 굴에 계셨는데 어머니는 형을 업고 나오고 할머니는 당신 딸과 손녀딸 이렇게 세 명이 앉아서 서로 붙잡아 안고 거기서 그만... 나중에 시신을 찾았다고 얘기는 들었지. 굉장히 어려서.

Q 영춘면에 계속 사셨나요?

A 여기서 태어나서 계속 살았지. 곡계굴에도 많이 들어가 보고. 처음에는 뼈를 많이 봤지, 뼈. 다리 뼈, 해골 이런 게 막 줄줄이 있었다고. 물이 내려올 때마다 굴에서 뼈가 떠내려오기도 했어. 개가 막 물고 다니는 거를 보기도 했고.

Q 굴 안에서 희생자들 유품도 많이 나왔겠어요?

A 숟갈이 많이 나오더라고. 피난할 때 가져갔던 거라. 그리고 내가 캐 보니 허리띠, 열쇠고리, 동전 이런 게 많이 나오더라고. 한 3년 전에는 냄비도 꺼냈어.

김주호 씨는 곡계굴 안에서 폭격 희생자들이 남긴 각종 물건을 수집해왔다. (뉴스타파)

김주호 씨가 수집한 곡계굴 학살 희생자 유품. 도자기, 탄피, 곰방대, 숟가락 등이 있다. (뉴스타파)

1951년 1월 2일, 미 극동공군 F-80 슈팅스타 제트전투기가 75갤런짜리 네이팜탄을 양 날개에 한 발씩 장착하고 비행 중이다. 이 사진에는 "젤리 형태의 가솔린 함유물이 담긴 탱크는 기폭 장치가 연결돼 있어 땅에 닿는 순간 폭발하고 광범위한 지역을 맹렬한 죽음의 지옥불로 뒤덮는다"라는 설명이 달렸다. (RG 342-AF-78564AC, NA2)

이 사진이 찍힌 날로부터 18일 뒤인 1951년 1월 20일, 같은 기종인 F-80 전투기 8대가 충북 단양 곡계 굴 일대에 네이팜탄 등을 퍼부어 수백 명의 무고한 피난민을 살상했다. F-80은 한국전쟁 기간에 F-51 머스탱 전투기 다음으로 많은 네이팜탄을 투하했다.

1950년 7월 5일, 일본 이타즈케 미군기지에 계류 중인 미 5공군 F-80 슈팅스타 제트전투기. 곡계굴 일대를 폭격한 전투기와 같은 기종이다. (RG 111-SC, Box 723, SC 343129, NA2)

1951년 8월, 미 5공군 18전투폭격비행단 소속 F-51 머스탱이 북한 상공에서 네이팜탄을 투하하고 있다. 1951년 1월 20일 충남 단양군 곡계굴 일대에 네이팜탄을 퍼부어 수많은 피난민을 학살한 전투기와 동일 기종이다. (RG 342-FH, Box 3058, NASM 4A 38620, NA2)

1950년 7월 19일, 포항 비행장 활주로에 F-51 머스탱 전투기 편대가 출격 대기 중이다. (RG 111-SC, Box 725, SC-344055, NA2)

1950년 12월, 미 공군 T-33 제트훈련기가 비행하고 있다. 이 제트기는 다른 전투기와 함께 작전에 참여해 폭격 지역을 특정하는 역할을 했다. 곡계굴 폭격에 참여한 T-33과 동일 기종이다. (RG 342-FH, Box 3004, nasm 4a 26371, NA2)

용한리

경상북도 포항 용한리 해변. (뉴스타파)

1951년 8월 27일 오전 10시쯤, 경북 포항시 용한리 해변 위로 5공군 18전투폭격전단 산하 39폭격대대 소속 F-51 머스탱 2대가 날아왔다. 당시 해변에는 전란을 피해 남쪽으로 온 피난민 천여 명이 모여있었다. 이들은 미군기가 낮게 떠 오자 흰 천을 흔들며 피난민임을 알렸다. 그러나 F-51은 이들을 향해 약 1시간가량 기관포를 퍼부었다. 해변 모래사장과 바다는 순식간에 피로 물들었고 피난민 100여 명이 목숨을 잃었다. 1기 진실화해위원회는 2010년 발표한 조사보고서에서 용한리 폭격 사건 신원 확인 희생자는 8명이고, 이 가운데 7명이 미성년자나 여성이었다고 밝혔다. 신원이 확인되지 않은 희생자까지 포함하면 사망자는 100명이 넘을 것이라고 추산했다.

진실화해위는 미군 정찰기 등이 전투 의사가 없는 민간인임을 알리는 징표인 '흰 깃발을 흔드는 흰 옷 입은 사람들'을 확인했고, 피난민 중 여성과 미성년자 비중이 높다는 것도 인식했다고 보이는데, 사전 경고도 없이 피난민 집단을 무차별 폭격한 것은 구별의 원칙과 사전 경고의 원칙에 위배된다고 밝혔다. 진실화해위는 또 불리한 전황에서 전투의 불확실성을 제거한 군사적 이익이 있다고 하더라도 이보다 국제법 위반이 중대하고 민간인 희생이 과다하여 불법성이 있다고 판단했다. 다음은 진실화해위 보고서 중 일부다.

> 신청인과 참고인들은 이 사건으로 해변 백사장과 근처 둔덕에 머물던 피난민 100여 명이 사망했고 바다에도 20여 구의 시신이 있었다고 진술했다. 참고인 한상구는 "당시 바다는 피바다가 되었으며 해변에 시신이 많아 그중 7명의 시신을 내가 직접 묻었다. 가족을 잃은 피난민 수백 명의 통곡 소리가 사방에서 들렸는데 파도소리보다, 산란기의 물개들이 한꺼번에 해안으로 올라오는 소리보다 더 컸다." 라고 진술했다. 신원이 확인된 희생자의 사망 경위는 다음과 같다. 황필란(당시 28살)은 미군 비행기 기총소사에 옆구리와 가슴을 맞아 신체 일부가 떨어져 나가고 내장이 흘러나온 채 즉사했다…이분녀(당시 나이 미상)는 임신 8개월 임산부로 만삭 상태였는데 미군 비행기가 기관총을 쏘자 딸 2명과 아들 1명을 안고 바다로 뛰어들었다가 바닷속에서 가슴에 총격을 당해 즉사했다. 또한 이분녀에게 안겨 바다에 들어간 아들 최기윤(당시 2살)은 총격에 의해 손목이 떨어져 나가고 팔뚝이 터진 채로 앓다가 사건 발생 20일 후 사망했다. 최덕이(당시 43살)는 백사장에 있다가 몸통에 총격을 당해 즉사했다. 최덕이의 아들인 한봉구(당시 17살)는 왼쪽 팔과 겨드랑이가 떨어져 나간 채 즉사했으며, 한봉구의 사촌인 한귀순(당시 5살)은 목이 떨어져 나간 채 즉사했다.

허맹구 / 한국전쟁 폭격 사건 민간인 희생자 포항유족회 회장, 2021년 3월 26일 뉴스타파 인터뷰

Q 1950년 8월 27일 포항 용한리 해변에서 어떤 일이 있었나요?

A 진실화해위 조사에서도 밝혔는데 8월 27일 오전 10시경이었어요. 앞서 8월 16일에 포항 북송리하고 흥안리가 폭격을 당하니까 민간인이 다 바닷가로 피난을 내려왔어요. 여기 동해안에는 그때 미군, 연합군 함대가 와 있으니까 함대 가까이 오면 살지 않겠나, 폭격을 당하지 않을 거다, 그렇게 생각하고 사람들이 여기로 오고 강원도에서도 피난민들이 이리로 내려온 거예요.

이 백사장에 민간인 약 1000명이 있었다고 합니다. 이들에게 미군 폭격기가 기총소사를 했어요. 사람들은 비행기가 오면 머리에 흰 띠를 두르고 있다가 흔들었어요. "우리 민간인이다" 라는 표시로 흔들었는데도 미군 비행기는 거기에 아랑곳 없이 폭격, 사격을 했다고 합니다.

그리고 심지어 어떤 사람들은 폭격을 피해 바다에 뛰어들어갔다 그래요. 임산부도 있었는데 바다에 들어간 사람 위에도 기총소사를 해가지고 죽었다고 하거든요. 건져보니까 복부에 구멍이 나 있더라 이거예요. 진실화해위 조사에 그렇게 나와 있습니다.

그러니까 당시에 미국 함대 가까이 있으면 폭격을 하지 않을 거다, 그런 생각으로 다 여기 포항 봉림불과 용한리 해안에 모인 거예요. 민간인이 1000명 이상 있었는데 그중에서 희생자가 100명 정도 났다고 그러는데, 진실화해위에서 조사를 해보니까 실제 밝혀진 사람은 용한리에 8명이 진실규명을 받았어요. 그러면 100여 명이나 죽었다고 하는데 왜 8명밖에 확인이 되지 않았느냐고 하는데 그건 대부분 다 외지 피난민이다 보니

어느 누구도 진실화해위 조사 때 진실규명을 신청한 사람이 없었다 이겁니다. 미군 폭격 사건 대부분 그런 경우가 많아요. 여기만 그런 게 아니고 전남 여수 안도리 사건[4]에도 피난민 수백 명이 배를 타고 가다가 폭격을 당해 많은 사람이 희생됐는데도 진실화해위에 신청한 사람은 네 사람밖에 안 된다고 해요.

훗날 실제로 조사를 해도 후세대에서 신청을 안 하니까 실제 사망자보다 확인된 희생자 숫자는 훨씬 적었다는 겁니다. 그걸 보면서 제가 한마디 한 게 있어요. "봉림불아, 너는 알고 있겠지. 수많은 민간인이 하얀 천을 흔들던, 살아야 한다고 백사장을 내달리던 발자국 소리를… 봉림불아, 너는 기억하고 있겠지" 제가 이렇게 포항 민간인 희생자 위령탑에다가 적어놨어요.

포항 북송리 사건, 용한리 사건, 흥안리 사건 등등 해서 도음산에서 위령탑을 세우면서 제 소회를 거기에다 한 편의 자작시를 지어서 새겨놨습니다. 앞에 보면 시가 있을 겁니다.

진짜 지금 71년째 아닙니까. 가슴은 아프고 하지만 어느 누구도 기억하지도 않을 뿐더러 저희들이 눈 감고 나면 이 사건을 기억하는 사람도 없을 겁니다. 점점 잊혀 가는 역사가 되겠죠. 후세 누구라도 한국전쟁 당시에 억울하게 죽었다는 걸 기억해줬으면 좋겠습니다. 제 바람이 그겁니다.

Q 회장님 선대도 여기서 희생되셨나요?

A 저희 집은 3대가 돌아가셨어요. 여기가 아닌 북송리 집안에 계시다가 폭격을 맞았어요. 내가 그게 하도 억울해서, 민간인 집이 폭격당했기 때문에 내가 너무나 억울하기 때문에 진실을 찾아다닌 거예요. 제네바 협약에도 보면 민간인 마을은 폭격할 수가 없다고 분명히 명시가 돼 있습니다. 근데 그걸 어기고 폭격을 했기 때문에 억울해서 그 진실을 찾아다녔어요. 진실은 찾았지만 국가에서는 아무런 말 없고 단지 위령탑 하나 세운 그것밖에 없습니다. 거기 돌아가신 분들 이름을 모신 거, 그거 하나만 남아 있습니다.

Q 3대라고 말씀하셨는데?

A 할머니, 큰어머니, 형님 이렇게 세 분이 북송리에 있는 집에 폭탄이 떨어져서 그 자리에서 즉사한 거예요. 그래서 그 집은, 지금 집터에는 아직도 집을 안 짓고 그대로 공터로 남아있어요. 그걸 내가 왜, 누가 사람이 그렇게 죽은 자리에 집을 짓겠느냐. 동네 한복판인데 그대로 빈 공터로 남아있어요. 북송리에 그대로 남아있어요. 아버지가, 솔직히 말해서 아침에 나갔다 온 사이에 일가족을 다 잃은 그 분의 심정은 어땠겠어요. 나갔다가 들어온 그 순간 사이에서 죽음과 삶이 갈라졌다 이거예요. 집에 들어오니 일가족이 다 죽어버렸다 이거예요. 아버지가 평생 짊어지고 온 그 한을, 저도 나이가 들고 보니까 그분의 그때 그 심정을 제가 이해를 조금씩 하고 가는 거예요. 그분의 심정이 과연 어땠을까.

---

[4] 1950년 8월 3일 전남 여수시 남면 안도리 인근 해상에서 피난민 배에 타고 있던 민간인들, 1950년 8월 9일 여수시 남면 두룩여해상에서 고기잡이를 하던 주민들이 미군 폭격으로 희생된 사건이다. 전체 희생자는 확인되지 않았지만, 진실화해위 조사에서 희생자 10명의 신원을 확인했다.

칠포리

경상북도 포항 칠포리 해변 마을. (뉴스타파)

1950년 8월 29일 오전, 경상북도 포항시 흥해읍 칠포리 해변과 마을 상공에 미군 정찰기가 나타났다. 매일 한 번 정도 오는 정찰비행이라 주민들은 대수롭지 않게 생각했다. 그러나 낮 12시쯤 시커먼 동체의 미군 전폭기 5대가 나타나 수협 칠포출장소와 마을 등을 향해 로켓탄을 발사하고 기관포를 퍼부었다. 폭격은 1시간가량 이어졌다. 무차별 폭격으로 마을 가옥 200여 채가 전소됐다.

당시 칠포리는 220~250가구가 모여 사는 비교적 큰 마을이었다. 전선이 남으로 내려오자 폭격 당일 대다수 주민은 이미 피난을 간 상태였고 마을에는 50여 가구 주민만 남았다. 난데없는 폭격으로 주민들은 인근 오도리로 대피했다가 오후 5시쯤 마을로 돌아와 개울물 등을 퍼서 불을 끄기 시작했다. 그때 다시 미군 전폭기 4대가 날아와 폭격을 시작했다. 이날 두 차례에 걸친 미군 폭격으로 칠포리 마을 주민 30여 명이 사망했다.

1기 진실화해위원회는 이 가운데 8명의 신원을 확인했다. 5명이 여성과 15살 미만 아동이었다. 진실화해위 조사 결과 당시 칠포리를 폭격한 미군 항공기는 미 항공모함 시실리(Sicily)에서 출격한 미 해병 214

전투폭격대대 소속 F4U 콜세어 전폭기였다. 214전폭대대는 시실리의 주력 함재기로, 20여 일 뒤인 9월 10일 인천 월미도에서도 초토화 폭격으로 수많은 민간인을 학살했다. 다음은 진실화해위의 칠포리 미군 폭격 사건 조사보고서 중 일부다.

> 포항 칠포리 미군 폭격 사건의 경우, 민간인 마을을 초토화시킨 것으로서 이로 인한 민간인의 인적·물적 피해가 대단히 컸다. 비록 피탈된 고지에 공격 작전을 지원하기 위해 그 근접지에 차단 폭격 작전을 수행하더라도 민간인 피해를 최소화하기 위해 주의 의무를 다하는 등 구별의 원칙을 지킬 것이 요구된다. 그러나 미군은 인민군이 주둔하지도 않은 지역을 무차별 폭격했다. 이 폭격은 당일 아군의 공격 작전에 기여하는 군사적 이익보다 무고한 민간인의 피해가 과도하여 불법성이 있다고 판단한다.

1950년 8월에서 10월 사이, 미 항공모함 시실리(Sicily)호에서 F4U-4B 콜세어 전폭기(Corsair fighter-bomber)가 출격하기 직전 미 해병 항공대 병기병들이 네이팜탄, 일반 폭탄, 5인치 로켓탄 등 무장을 최종 점검하고 있다. 미 해군 주력 전폭기인 콜세어에는 보통 네이팜탄 2발 또는 네이팜탄 1발과 500파운드 폭탄 1발, 그리고 로켓탄 8발을 탑재하고 작전에 나섰다. 시실리 주력 함재기인 214전투비행대대 F4U 콜세어는 1950년 8월 29일 포항 칠포리를 무차별 폭격한 데 이어 10여 일 뒤인 9월 10일에는 인천 월미도를 초토화 폭격해 수많은 민간인 사상자를 낳았다. 미 항모 시실리는 월미도 사전 폭격과 인천상륙작전에 참여했다. (RG 80-G-419929, NA2)

신임조 / 포항 칠포리 미군폭격 사건(1950.8.29.) 생존자 (당시 10세), 2021년 3월 26일 뉴스타파 인터뷰

Q 폭격 당시 몇 살이셨나요?

A 10살이었어요. 초등학교 3학년. (낮 12시 1차 폭격 이후) 칠포리 2차 폭격이 오후 5시 정도였어요. 그때 비행기가 한 4대 정도 와가지고 주로 기관총으로 난사를 했는데 오전에 폭격해서 동네 전체가 불이 붙어서 오도(리) 쪽으로 피난갔다가 집에 불이 났으니까 어떻게 됐나 궁금해서 다시 집에 돌아와서 세간살이 구할 수 있으면 구하려고 애를 쓰고 있는데 그때 마침 다시 폭격을 했어요. 2차 폭격 때 마을 주민만 있던 게 아니라 피난 다닌다고 인근 일가 친척 사람들이 내왕했는데, (진실화해위 보고서에서) 8명이 사망했다고, 그것밖에 조사가 안 됐는데 실제로는 30명 이상이 희생됐어요.

Q 미군 비행기가 구체적으로 어떻게 폭격을 했나요?

A 맨 처음에 진입로부터 차단하려고 폭탄 큰 것인지 뭔지는 모르지만 그걸로 진입로부터 완전 파괴시켰고, 두 번째는 이 어촌에 네이팜탄 소이탄을 쏴가지고 줄어 준비하던 사람이 한 10명 이상 돌아가셨어요. 2차 때는 주민들이 돌아와서 세간살이 정리하려고 했는데 불이 계속 붙어 있던 곳은 사람이 접근 못하고, 마당까지 접근할 수 있던 데는 주민들이 개울물을 떠다가 불을 끄고 그랬어요. 그러던 중 또 비행기 4대가 와서 원을 그려 돌며 기관포를 쐈어요. 벼락이 치는 소리가 나서 엎드렸는데 어머니가 기관포에 맞아가지고 피가 엄청나게 많이 나고 실신할 단계인데 어머니를 붙잡고 이렇게 낮은 자세로 나오니까 아버지가 왼쪽 가슴에 기관포 맞고 바로 돌아가셨어요. 그리고 할머니도 양쪽 다리 다 비행기에서 쏜 기관포 맞아가지고 그때 당시

는 아니지만 뒤에 돌아가셨어요. 어머니도 부상을 입고 한 17년 정도 사시다가 고통 속에 돌아가시고. 말이 그렇지 눈물이, 얼마나 눈물이 나겠어요. 죄가 있어 죽는 것도 아니고. 우리가 폭격당해 죽어야 하는 이유가 뭡니까? 그게 억울한 거예요. 그때 생각하면 정말 기가 칩니다. 너무 슬프기도 하고 정말 이게 국가냐 하는. 국가는 뭐 하는 존재냐.

OPNAV-55-118 (7-50) REPORT SYMBOL OPREP-55-38		AIR ATTACK REPORT Fill out for all naval aircraft attacking non-air targets, other than submarines at sea. Include mines laid but not enemy airborne aircraft met, attach Air Combat Report. If any planes hit by enemy A/A, attach Aircraft Vulnerability Report.							CONFIDENTIAL (When filled in) NO. OF AIR COMBAT REPORTS ATTACHED 0 NO. OF A/C VUL. REPORTS ATTACHED 0		
I. GENERAL NAME OF BASE USS SICILY (CVE-118)		DATE OF MISSION 8/29/50	TAKEOFF TIME/ZONE 1127 /K		TAKEOFF LAT. 35,30	TAKEOFF LONG. 129 40	MISSION PURPOSE CODE S-2		REPORT NO. 92	SHEET NO. 1 OF 1	
ASSIGNED PRIMARY TARGET (OR MISSION) Close Air Support		ASSIGNED SECONDARY TARGET (OR MISSION) NONE					OTHER UNITS ON THIS MISSION, NOT ON THIS REPORT NONE				

II. AIRCRAFT TAKING OFF, LOADINGS (Use one or more lines, as required, for each group of planes differing in model, squadron, loading)

MODEL AND CONFIGURATION	SQUADRON	NO. OF A/C	ROCKET LOADING PER AIRCRAFT	ROCKET FUZING		BOMB, MINE, TORPEDO LOADING PER AIRCRAFT	BOMB FUZING		TORPEDO OR MINE SETTING	EXTERNAL FUEL, GALS. PER PLANE
				NOSE	TAIL		NOSE	TAIL		
F4U-4B	VMF-214	2	4/5 HVAR	Inst	Inst	2 Napalm				
F4U-4B	VMF-214	2	4/5 HVAR	Inst	Inst	1 Napalm 1 500#	VT	.025		
F4U-4B	VMF-214	1	8/5 HVAR	Inst	Inst	1 500#	Inst	.025		

III. ATTACK (Use one line for each attack differing in aiming point, model, squadron, method of attack)

ACTUAL PRIMARY TARGET ATTACKED Chukchon-Dong			LOCATION (Coordinates or nearest landmark) 1238 - 1466			DAY	NIGHT X	TWLT	CLOUD TYPE Cu	CLOUD BASE HT. 4000	CLOUD COVER 2 /10
VISIB. (Miles) Unknown	TARGET LOCATED BY Mosquito P'sp't		ATTACK DIRECTED BY TAC		INTERCEPTION YES NO X	APPROACH ALT. 5000	TIME OF ARRIVAL AT AREA 1145		TIME OF LEAVING TARGET 1325		RETIREMENT ALT. 5000

	AIMING POINT		A/A THIS TARGET		NO. AND MODEL OF AIRCRAFT ATTACKING THIS POINT	NO. OF RUNS ON THIS POINT	BOMBS, ROCKETS, TORPEDOES, MINES, EXPENDED ON THIS POINT (Give fuzing used if — selectively armed)	AMMUNITION EXPENDED THIS POINT	ALTITUDE OF RELEASE OR FIRING	YDS. RANGE, ROCKET OR GUN FIRING
	IDENTIFY OR GIVE TYPE OF EACH TARGET AIMED AT	DIMENSIONS OR TONNAGE	TYPE	INTENSITY (√ ONE) 0 1 2 3	SQUADRON			BOMB OR ROCKET SIGHT USED	DIVE ANGLE AT RELEASE	IAS AT RELEASE
A	Chukchong-Dong		HW AW		5 F4U-4B VMF-214	5	6 Napalm 1 HVAR	400 MK8	°	K
B	Toksong-Dong 1228-1474		HW AW		5 F4U-4B VMF-214		3 500#(2VT 1 In) 8 HVAR	400 MK8	2000' 50°	340 K
C	Childo-Dong 1236-1473		HW AW		5 F4U-4B VMF-214		8 HVAR 20MM	400	1200' 30°	240 K
D	River Bed 1224-1476		HW AW		5 F4U-4B VMF-214		3 HVAR	400	°	
E	5 Trucks 1233-1482		HW AW		5 F4U-4B VMF-214		20MM	400	°	K

IV. RESULTS OF ATTACK (Follow through for same aiming points and attacks as in lines A to 8 of III above)

	NO. HITS ON TARGET OR DAMAGING MISSES	TYPE AND SIZE OF WEAPONS SCORING HITS OR DAMAGING MISSES	DAMAGE TO TARGETS (Give number and type of grounded aircraft destroyed, or damaged. Summarize concisely damage to other types of targets)	SORTIE AND PRINT NOS. OF RELEVANT TARGET PHOTOS
A	All	Napalm HVAR	Burning furiously	
B	3	500#	Demolished most of town - started fires	
C	8	HVAR	Strafed - started fires	
D	3	HVAR	Fires - strafed	
E			Destroyed by strafing	

On a supplemental plain sheet, describe any unusual features of attack or damage inflicted, any RCN use, any encounters with A/A rockets or G/N.

V. AIRCRAFT HIT BY ENEMY A/A THIS MISSION (One line for each aircraft hit; attach Aircraft Vulnerability Report for each)

MODEL AND CONFIGURA-	BUREAU	SQUADRON	AIMING	AT TIME IT RECEIVED HITS, WHAT WAS AIRCRAFT DOING?	DEGREE OF DAMAGE	PILOTS	CREW

1950년 8월 29일 자 미 해병 214전투폭격비행대대의 포항 일대 항공공격보고서다. F4U-4B 전폭기 5대가 포항 죽천동과 칠포리 등을 네이팜탄과 500파운드 파괴폭탄, 로켓탄 등으로 공격했다고 적혀있다. 네이팜과 로켓으로 거센 불길이 치솟았고 파괴폭탄으로 마을을 완전히 파괴했다는 성과도 들어있다. (NA2)

05

지도에서 지워지다

미 중앙정보국 CIA가 집계한 한국전쟁 기간 미 공군의 폭격 성과는 전쟁 참상을 좀 더 짐작케 한다. 건물 118,131채를 완전 파괴했고 88,461채를 파손했다. 교량은 1153개소를 완전 파괴했고, 3049개소를 파손했다. 이와는 별도로 미 해군과 해병 항공대는 건물 44,828채와 교량 2005개소를 완전 파괴했다. 북한 원산 같은 도시는 미군 폭격으로 지도에서 지워질 정도라는 말도 있었다. 실제 융단폭격 이후 시가지에 멀쩡한 건물이 거의 남아나지 않고 철로, 도로, 다리가 다 끊겼으니 지도에서 사라졌다는 말이 지나친 것도 아니었다.

하지만 파괴된 물적 토대는 언젠가 복구해 내면 된다. 그러나 수백만 명 인명 피해는 돌이킬 방법이 없다. 이 상흔은 한국인에게 여전히 집단 트라우마로 남아있다.

서울

1950년 7월 16일, 미 공군이 서울 용산 조차장 일대를 융단폭격했다. (RG 342-FH, Box 3060, NASM 4A 39044, NA2)

한국전쟁 때 대한민국 수도 서울은 미군 공중폭격으로 극심한 피해를 입었다. 특히 용산 일대는 거의 지도에서 지워질 정도로 융단폭격 표적이 됐다. 당시 상황을 가장 잘 보여주는 영상이 미국 국방부가 촬영한 'B-29s(FEAF: 극동공군) 19TH BOMBER GROUP; Okinawa and Over Korea 1,2,3,4 August 1950(AF #6)'이다. 한국탐사저널리즘센터-뉴스타파가 미국 국립문서기록관리청(NARA)에서 수집했다. 제목에서 알 수 있듯이 촬영일은 1950년 8월 1일부터 4일까지다.

이 영상에는 미 극동공군 19폭격전대 소속 B-29 중폭격기가 일본 오키나와 미 공군기지에서 이륙해 한반도 상공에서 500파운드짜리 파괴폭탄 등을 투하하는 모습이 상세히 담겨있다. 35mm 흑백필름으로 촬영했고 영상 전체 길이는 9분 40초다. 촬영자는 그림(Grimm) 대위라고 기재돼있다. 촬영 원본 전반부는 용산을 중심으로 한 서울 지역 폭격 영상이며, 후반부는 북한 원산 지역 폭격 장면이다.

이 영상은 2021년 국내 기관이 공개하고 여러 언론사가 보도한 'RG 111 CB 101'(미군 월간 전황 필름 101호, 1950년 7월 10일에서 8월 10일까지)에 나오는 5초가량의 용산 폭격 영상 촬영 원본이다. 이 촬영 원본 영상에는 용산 일대에 파괴폭탄을 투하하는 장면과 폭격 후 거대한 버섯구름이 피어오르는 장면 등이 찍혔다. 폭격 장면뿐만 아니라 B-29 전략폭격기 이착륙, 편대 비행, 조종석, 조종사 탑승, 오키나와 비행장, 폭격기 정비 등도 담겼다.

한국전쟁 당시 미 공군은 용산기지를 비롯해 용산역과 용산 조차장, 서빙고, 원효로, 해방촌 등 용산 일대, 한강철교, 서울역 주변 등을 1950년 7월부터 9월까지 집중 폭격했다. 한국 정부 집계에 따르면 한국전쟁 개전 이후 3개월 동안 서울에서는 미군 폭격으로 4200명 넘는 민간인이 사망했다. 이 가운데 2700명이 용산 거주민이었다.

극동공군 B-29의 한국폭격임무
(B-29 FEAF BOMBING MISSION OVER KOREA)

광고와 협찬을 받지 않고 시민 후원으로 운영하는 비영리 독립 탐사보도매체 뉴스타파는 지난 3년 동안 해외 각지 공공 기록관 등에서 발굴·수집한 현대사 영상과 사진 자료 등을 시민과 공유하는 사이트, '뉴스타파 공공아카이브'에 공개한다. 뉴스타파가 해외에서 공들여 발굴한 자료를 공개하고 공익 목적으로 사용할 수 있게 하는 것은, 후원회원 회비로 수집한 이 자료가 우리사회 공적 자산이라고 판단했기 때문이다.

뉴스타파 공공아카이브

1950년 8월 5일, 미 5공군 B-29 폭격기 등이 지금의 한강 북쪽 용산 조차장과 용산기지 일대를 융단폭격했다. 사진 설명문에 약 100톤의 폭탄을 투하했다고 적혀있다. (RG 342-FH, Box 3060, NASM 4A 39047, NA2)

1950년 8월 4일, 미 공군이 서울 용산 조차장 일대를 융단폭격했다. (RG 342-FH, Box 3060, NASM 4A 39053, NA2)

1950년 9월 29일, 약 두 달 전부터 이어진 미 공군 융단 폭격으로 서울 용산 조차장 일대가 완전히 폐허로 변했다. (RG 342-FH, Box 3060, NASM 4A 39057, NA2)

1951년 3월 21일, 한강 다리가 미군 폭격으로 폭파돼 잔해만 남았다. (RG 330-PS, Box 10, SC 359442, NA2)

1950년 7월, 미 공군이 한강철교를 폭격하고 있다.
(RG 342-FH, Box 3058, NASM 4A 38468, NA2)

1951년 3월 21일, 미 공군이 한강철교를 폭격하고 있다. (RG 330-PS-Box 10, NA2)

1950년 12월 9일, 미 55공병부교중대가 한강변에서 부교 건설 작업을 진행하고 있다. 뒤로 파괴된 한강철교가 보인다. (RG 111-SC, NA2)

1951년 3월 21일, 미군 폭격으로 서울 한강 인근 마을 곳곳에 연기가 치솟는다. (RG 330-PS, Box 10, SC 359441, NA2)

1950년 겨울, 폭격으로 끊어진 한강철교 옆 부교를 통해 피난민들이 강을 건너고 있다. (RG 342-FH, Box 3061, NASM 4A 39320, NA2) (왼쪽 페이지)

1951년 10월 18일, 미 공군 폭격 이후 서울 영등포 일대가 폐허로 변했다. (RG 342-FH, Box 3001, NASM 4A 25727, NA2)

1953년 3월 29일, 미 공군의 폭격 이후 서울 도심 곳곳이 무너졌다. 사진 가운데서 위쪽에 서울시청이, 오른쪽 맨 위에 당시 중앙청이 보인다. (RG 342-FH, Box 3001, NASM 4A 25732, NA2)

1951년 12월 3일, 폭격당한 서울 여의도공항 격납고가 골조만 앙상하게 남아있다. 뚫린 격납고 구멍 사이로 더글라스 C-54 수송기가 이륙하고 있다. (RG 342-FH, Box 587, K 6498, NA2)

1950년 9월 말, 서울 탈환 작전 당시 미 해병대 대원이 시가전을 벌이고 있다. 병사들이 착검한 M-1 소총과 브라우닝 자동소총을 들고 있다. 오른쪽에 시가전 중 총에 맞아 숨진 민간인 시신이 보인다. 멀리 뒤쪽으로 포연에 가린 M-4 셔먼탱크가 희미하게 보인다. (NH 96378, NHHC)

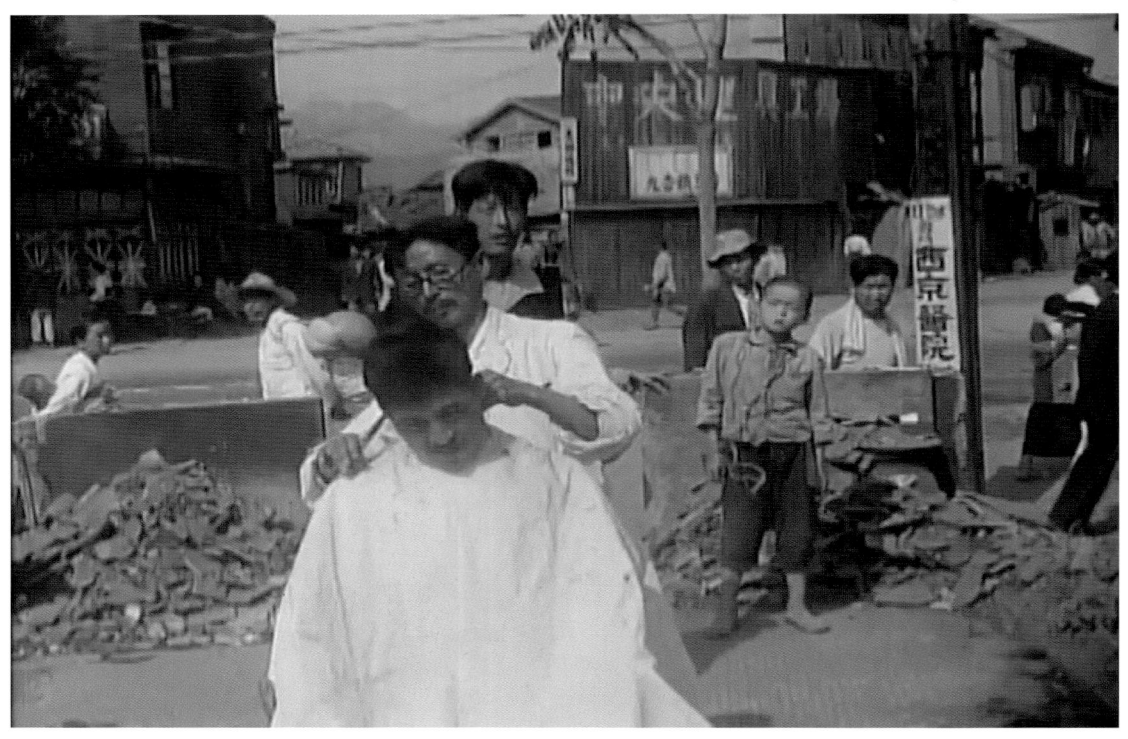

1950년 9월, 대부분의 건물이 폭격으로 무너져 잔해만 쌓인 빈터에서 이발을 하는 모습이 이채롭다. 미군이 촬영한 영상 한 장면이다. (RG 111-ADC-8403, NA2)

1950년 9월 20일, 폭격과 시가전으로 산산조각난 삶의 터전 위에서 서울 시민들이 피해 복구 작업을 벌이고 있다. 미군 영상 스틸 컷이다. (RG 111-ADC-8403, NA2)

 폐허가 된 서울

폐허

1950년 9월 16일, 인천 시내 폭격 직후 집을 떠나는 시민들. (RG 111-SC-Box 735, sc 348505, NA2)

245

1950년 9월 16일, 미군 공습으로 인천역사가 불타고 있다. 주변 시설은 완전히 파괴됐다. (RG 111-SC, Box 735, sc 348507, NA2)

1950년 9월 16일, 미군 폭격 이후 인천 시민이 줄지어 어디론가 향하고 있다. (RG 111-SC, Box 735, sc 348508, NA2)

1950년 9월 17일, 인천 시내 건물이 미군 폭격으로 잔해만 남았다. 언덕 위 건물에는 화염이 치솟고 있다. 그 사이로 미 해병대 대원들이 휴식을 취하고 있다. (RG 127-RG-A2765, NA2) (오른쪽 페이지)

1951년 1월 4일, 중국인민지원군이 한국전에 참전하고 UN군이 인천에서 철수하면서 항만 시설을 폭파하고 있다. (RG 80-G-425472, NA2) 인천 철수는 1월 5일 완료했다.

미군 폭격으로 잿더미가 된 대전 시가지. (RG 111-ADC-8373, NA2)

1951년 2월 13일, 경기도 연천 고랑포리 일대 마을을 452폭격단 소속 B-26이 폭격해 곳곳에서 화염이 솟고 가옥 잔해가 튀어 오르고 있다. (RG 342-AF-81448AC, NA2)

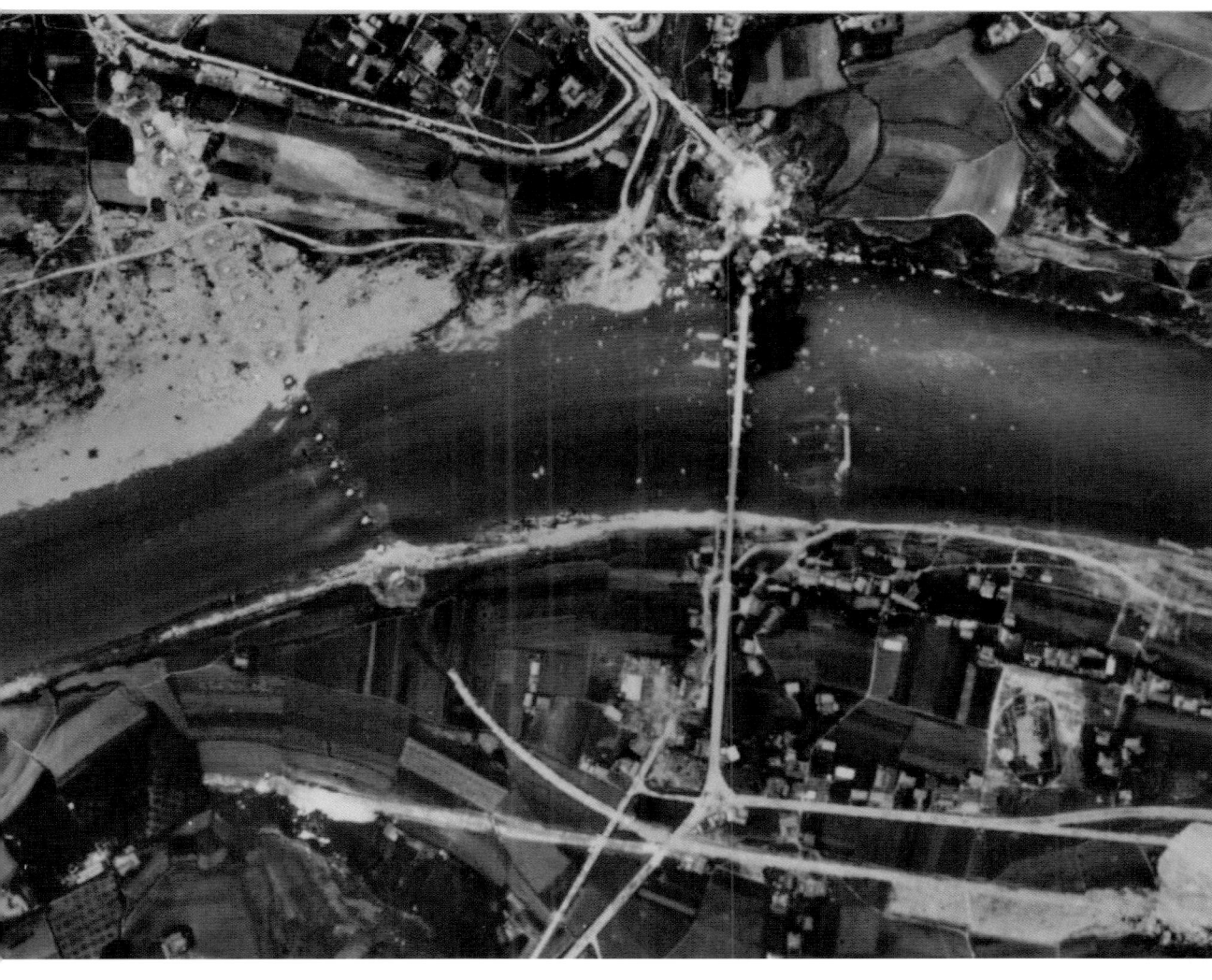

1950년 7월 미 공군 B-29 중폭격기가 충북 제천 도로와 교량을 폭격했다. (RG 342-FH-Box 3058, NASM 4A 38659, NA2)

1950년 8월 16일, 미 5공군 융단폭격으로 경남 진주 시가지가 불타오른다. (RG 342-FH-Box 3058, NASM 4A 38657, NA2)

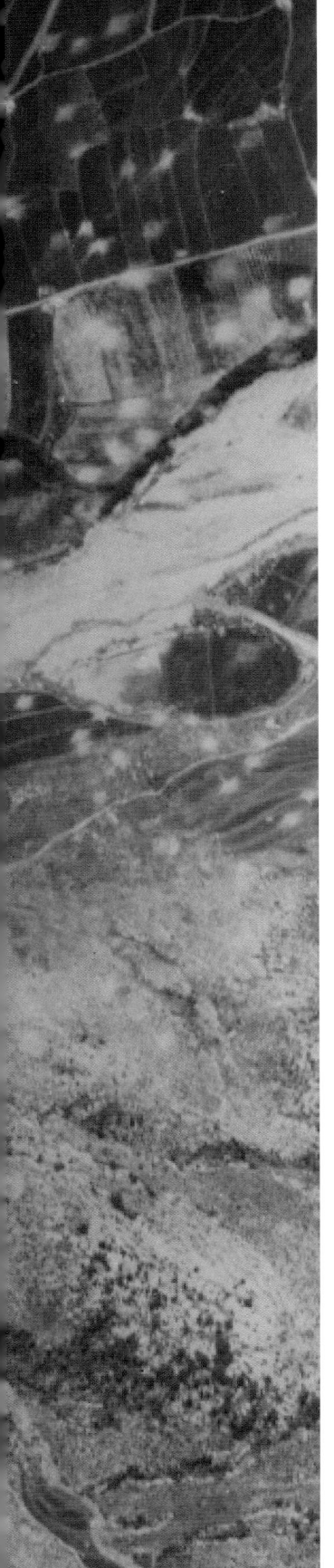

1950년 8월 19일, 미 공군 B-29 중폭격기가 낙동강 서쪽 지역을 융단폭격하고 있다. (RG 342-FH-Box 3057, NASM 4A3817, NA2)

1950년 8월 16일, 미 제5공군이 왜관 일대를 융단폭격하고 있다. (RG 342, FH, Box 3058, NA2)

1950년 9월, 미 공군 B-29 중폭격기가 경북 안동 근교 야적장을 폭격해 화염이 치솟고 있다. (RG 342-FH, Box 3058, NASM 4A 38646, NA2)

원산폭격

지금은 거의 사라진 '원산폭격'이라는 체벌이 있다. 손을 등 뒤로 잡은 채 머리를 바닥에 박고 버텨야 하는 벌이다. 50~60년대 군대에서 시작해 학교까지 퍼졌다. 비슷한 시기 '한강 철교'라는 체벌도 있었다. 원산폭격 자세에서 두 다리를 같은 자세를 취한 뒷사람 어깨에 올려놓게 하는 가혹행위다. 사회 민주화가 어느 정도 진행되면서 체벌로서의 '원산폭격'이나 '한강 철교'는 폭력으로 인식해 공식적으로는 자취를 감췄다. 하지만 과거에 원산폭격이 얼마나 성행했던지 우리말 사전에 버젓이 남아있다. 표준국어대사전은 '원산폭격(元山爆擊)'을 "(군사) 뒷짐을 진 채 몸을 굽혀 머리를 땅에 박으라는 구령. 또는 그 구령에 따라 행하는 동작"이라고 설명한다.

'원산폭격'이라는 체벌은 1950년 7월 6일부터 미 공군이 B-29기를 동원해 북한 원산역 조차장과 시가지를 융단폭격한 사건에서 유래했다고 알려진다. 1기 진실화해위 상임위원을 지낸 김동춘 교수는 "한국전쟁 때 미군 융단폭격, 초토화 폭격으로 평양과 원산은 멀쩡한 건물이 거의 남아나지 않았다"며 "원산폭격이라는 체벌 이름도 당시 무자비했던 원산 폭격에서 나왔다는 말이 있다"고 했다. 실제 표준국어대사전에 실린 '원산폭격(元山爆擊)'의 한자 '元山'은 북한 도시 원산의 한자 말과 같다.

'한강 철교'라는 체벌은 미군 폭격으로 끊어진 한강철교를 연결시키는 형상을 떠올리게 한다.

아시아-태평양 전쟁기 일본군 내무반에서는 '급강하 폭격(Dive Bombing)'이라는 체벌이 있었다. 고미야 다카히로(小宮　隆弘·1927년생)는 1943년 8월 해군소년전신병에 지원해 야마구치(山口) 남부 호후(防府)해군통신학교에서 훈련을 받던 중 "세 가지 체벌을 받았는데 그중에서 의자를 짚고 팔 굽히는 급강하폭격을 받았다."고 회상했다.[5]

급강하폭격은 1935년에 미군이 시작한 폭격 방법이며 1940년 일본도 중국 등지에서 전술적으로 사용했다. 1944년 8월 24일 미국 전쟁부 기술매뉴얼 〈일본군사사전(TM 30-541)〉에 급강하폭격이라는 단어를 일본어와 영어로 병기했다. 같은 시기 조선총독부 기관지 매일신보가 미군과 독일군의 급강하폭격기 등장을 소개하기도 했다. 원산 폭격, 한강철교 폭격, 급강하폭격이라는 미국 공군 폭격 양태와 전술이 군 내무반과 학원가에 가혹행위 형태로 스며든 '군사화(militarization)'의 대표 사례다.

5　小宮　隆弘, NHK 아카이브 전쟁증언. (https://www2.nhk.or.jp/archives/shogenarchives)

1950년 8월 24일, 미 공군이 융단폭격한 북한 원산 지역에 수많은 버섯구름이 피어오르고 있다. (RG 342-FH, Box 5060, NA2)

1950년 7월 18일, 미 항공모함 밸리포지(Valley Forge, CV-45)에서 출격한 미군 폭격기가 원산항 일대를 폭격했다. 검은 연기가 하늘로 치솟고 있다. (RG 80-G, Box 1701, 418592, NA2)

1950년 7월 18일, 미 항공모함 밸리포지에서 출격한 폭격기가 원산항 정유공장을 폭격하고 있다. (RG 80-G-707876, NA2)

1950년 10월 21일, 미 공군 폭격으로 북한 원산의 정유공장이 폐허가 됐다. (RG 342-FH, Box, NASM 4A 39218, NA2) (오른쪽 페이지 위)
1950년 7월, 미 공군 B-29 중폭격기의 융단폭격으로 원산항 정유 시설이 대부분 파괴됐다. (RG 80-NH-97289, NA2) (오른쪽 페이지 아래)

1951년 7월 15일, 미 항공모함 복서에서 출격한 728전투비행대대 소속 F9F-2 팬서 제트전투기가 북한 원산 앞바다 상공을 비행하고 있다. 날개 밑에 장착한 5인치 로켓탄이 또렷하게 보인다. 사진 위 왼쪽에 남대천이 보인다. (RG 80-G-431907, NA2)

1951년 3월, 북한 원산 시가지에 미 5공군 452경폭격비행단 소속 B-26 폭격기가 파괴폭탄을 투하해 거대한 폭발이 발생했다. 무수한 파편이 하늘 높이 치솟고 있다. 뒤쪽으로 원산항과 바다가 보인다. (RG 342-AF-80508AC, NA2)

평양

1951년 5월 4일, 미 5공군 452경폭격비행단 B-26 폭격기가 평양 북서쪽 철로를 낙하산 폭탄으로 폭격하고 있다. (RG 342-FH, Box 3058, NASM 4A 38544, NA2)

1950년 7월 27일 미 공군 B-29 중폭격기가 평양에서 북쪽으로 40마일가량 떨어진 박천의 두 철교를 폭격했다. (RG 342-AF-77554AC, NA2)

1951년 5월, 미 5공군 452경폭격비행단 소속 B-26 폭격기가 평양 서쪽 창고 시설 밀집 지역을 폭격해 일대가 폐허로 변했다. (RG 342-FH-Box 3058, NASM 4A 38552, NA2)

1950년 8월 7일, 미 공군 B-29 중폭격기가 평양을 폭격해 화염이 솟아오르고 있다. (RG 342-FH, Box 3060, NASM 4A 38976, NA2)

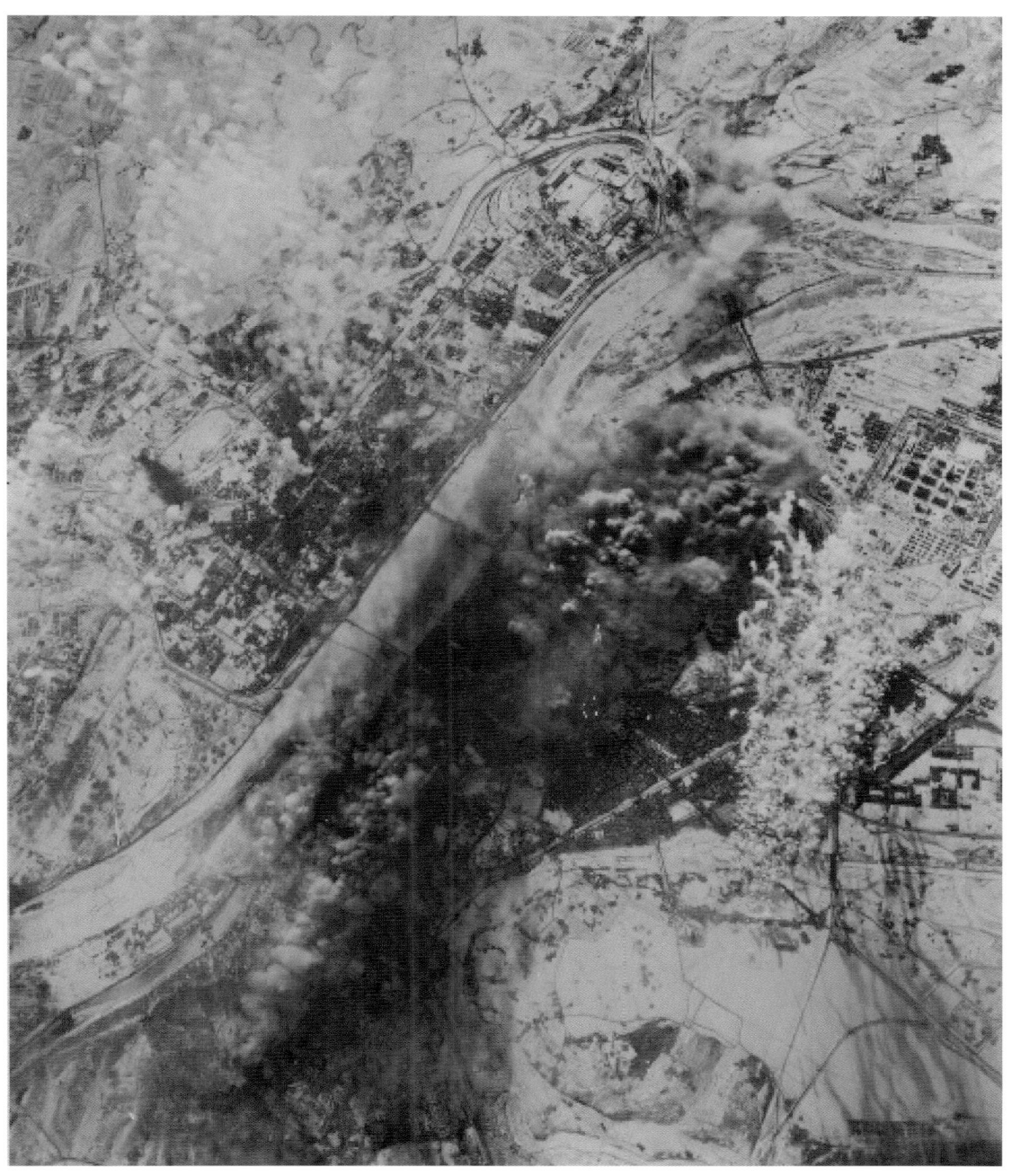

1951년 1월 3일, 미 공군 98폭격단 소속 B-29가 평양 시내에 융단폭격을 퍼붓고 있다. (RG 342-FH, Box 3060, NASM 4A 3805, NA2)

1951년 6월 17일, 일본 오키나와 미 공군기지에서 이륙한 307폭격단 소속 B-29 중폭격기가 평양 남쪽 도심의 민간인 밀집 지역에 융단폭격을 가하고 있다. (RG 342-FH, Box 3060, NASM 4A 38991, NA2)

1951년 12월 13일, 미 공군의 융단폭격 이후 대동강을 끼고 있는 평양 중심 지역 항공 촬영 사진이다. 대부분 상업, 업무 지구 내 민간인 주거지이지만 대다수 건물이 형체를 알아 볼 수 없을 정도로 파손됐다. (RG 342-FH, Box 3060, NASM 4A 38992, NA2)

1952년 6월 14일, 평양 동쪽 구역이 미 공군 폭격으로 초토화됐다. 지표면에 폭탄 구멍이 셀 수 없을 정도로 많다. (RG 342-FH, Box 3060, NASM 4A 39003, NA2)

트라우마

1951년 5월 1일, 미 항공모함 프린스턴(USS Princeton, CV-37)에서 출격한 195공격비행대대 소속 AD 스카이레이더가 어뢰를 발사해 북한 화천댐을 파괴했다. (RG 80-G-428678, NA2)

1951년 5월 1일 미 해군 공격기 AD 스카이레이더가 어뢰로 북한 화천댐을 파괴하는 모습을 미 해군 종군화가 허버트 C. 한이 그렸다. (NHHC)

1950년 11월 15일, 미 해군 AD-3 스카이레이더가 북한 신의주 압록강교에 2000파운드 대형 파괴폭탄을 투하했다. 철교 주변 곳곳에 폭탄 구멍이 나 있다. (RG 80-G-422112, NA2)

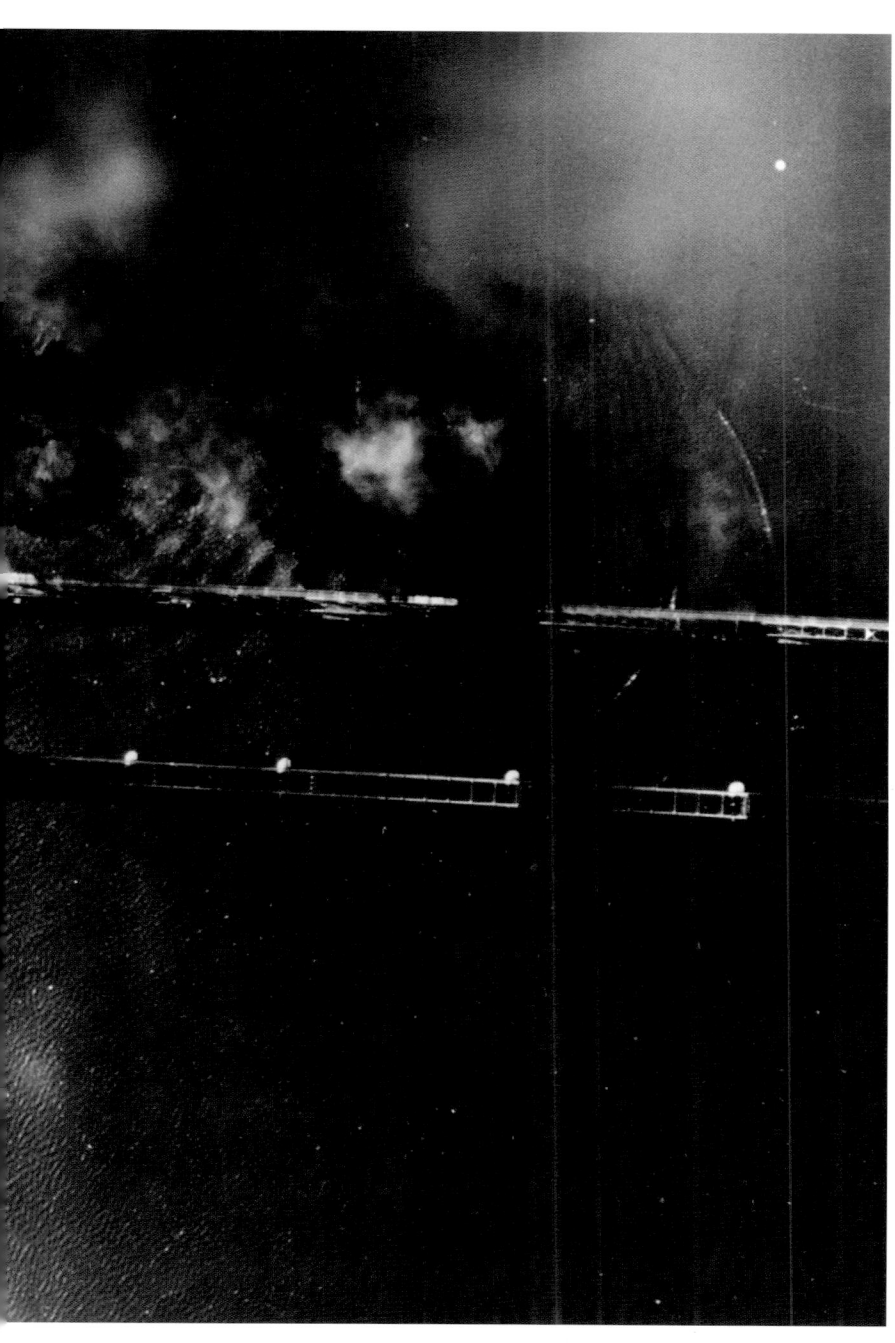

1951년 11월 18일, 미 항공모함 레이테(USS Leyte, CV-32)에서 출격한 전폭기들이 신의주 압록강교를 폭격하고 있다. (RG 80-G-423495, NA2) (위)

1950년 8월 19일, 미 5공군 B-29 중폭격기가 북한 흥남시 조차장을 융단폭격한 뒤 일대가 폐허로 변했다. (RG 342-FH, Box 3059, NASM 4A 38784, NA2) (아래)

1951년 9월, 미 극동공군 폭격으로 북한 함흥 비행장이 벌집처럼 변했다. 미 5공군 정찰기가 촬영한 사진이다. 정찰기는 남북으로 2720피트, 북서-남동쪽으로 2900피트, 동서로 길이 미상의 아스팔트 활주로와 북동-남서쪽으로 2610피트의 비포장 활주로를 파괴했다고 보고했다. (RG 342-FH, Box 3059.NASM 4A 38821, NA2)

1950년 12월 24일, 미군이 흥남 철수 작전을 전개하면서 흥남부두 시설과 유류, 탄약 등을 폭파하고 있다. 흥남항 앞바다에서 마지막 철수선인 미 해군 고속수송선 베고가 대기하고 있다. (RG 80-GK-11771, NA2)

1950년 12월 24일, 미군이 흥남 철수 작전을 전개하면서 부두를 폭파하는 동안 미 해군 고속수송선 베고(USS Begor, APD-127)가 유엔군 마지막 상륙정을 태우기 위해 기다리고 있다. (RF 80-G-42429, NA2)

1950년 12월 14일, 흥남 철수 작전 당시 흥남부두에 수백 개의 연료통이 야적돼 있다. (RG 80-G-423913, NA2)

1950년 10월 10일, 미 공군 92폭격단 소속 B-29 폭격기가 북한 청진시 철도 시설을 폭격해 화염이 치솟고 있다. (RG 342-FH, Box 3050, NASM 4A 38694, NA2)

1950년 8월 19일, 미 공군 B-29 중폭격기가 북한 청진시의 철강공장을 폭격하고 있다. 이곳은 해방 전 일제 미쯔비시 철강공장이었다. (RG 342-FH, Box 3059, NASM 4A 38662, NA2)

1950년 8월 19일, 미 공군 B-29 중폭격기가 청진시를 융단폭격하고 있다. 이 초토화 작전에 폭격기 60대를 동원했다. (RG 342-FH, Box 3059, NASM 4A 38666, NA2)

1950년 9월 15일, 미 공군 B-29 중폭격기의 융단폭격 후 북한 청진시 산업단지가 완전히 잿더미로 변했다. 이 폭격으로 산업단지 90%가 파괴됐다. (RG 342-FH, Box 3059, NASM 4A 38672, NA2)

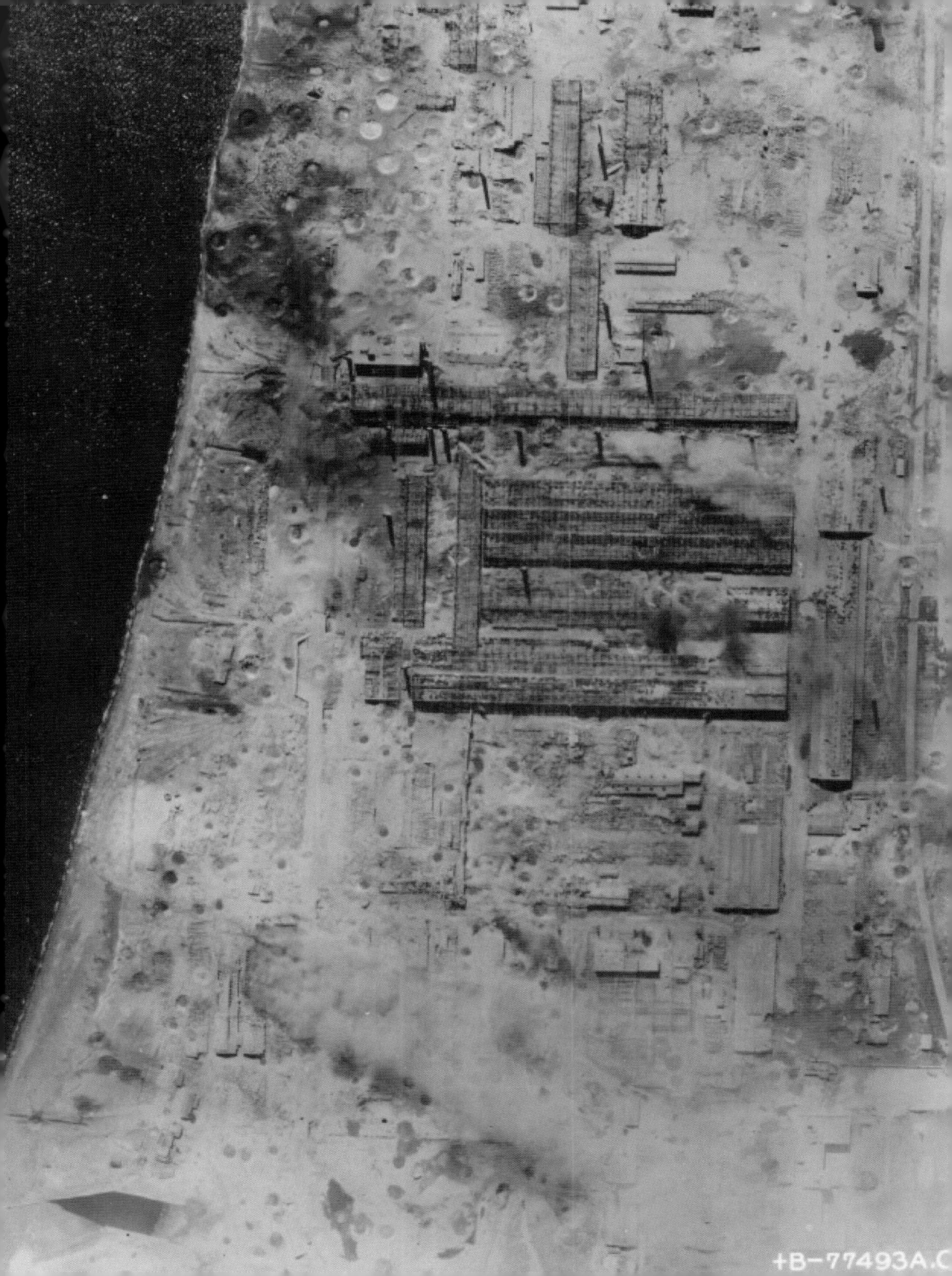

에필로그

미군은 1953년 7월 26일 휴전협정 전날과 7월 27일 당일까지도 출격과 폭격을 멈추지 않았다.

정전협정 하루 전인 1953년 7월 26일, 미 항공모함 레이크샘플레인(USS Lake Champlain, CVA-39)에서 출격한 F2H-2 밴시 제트전투기 2대가 흥남시 상공을 비행하고 있다. (RG 80-G-630625, NA2)

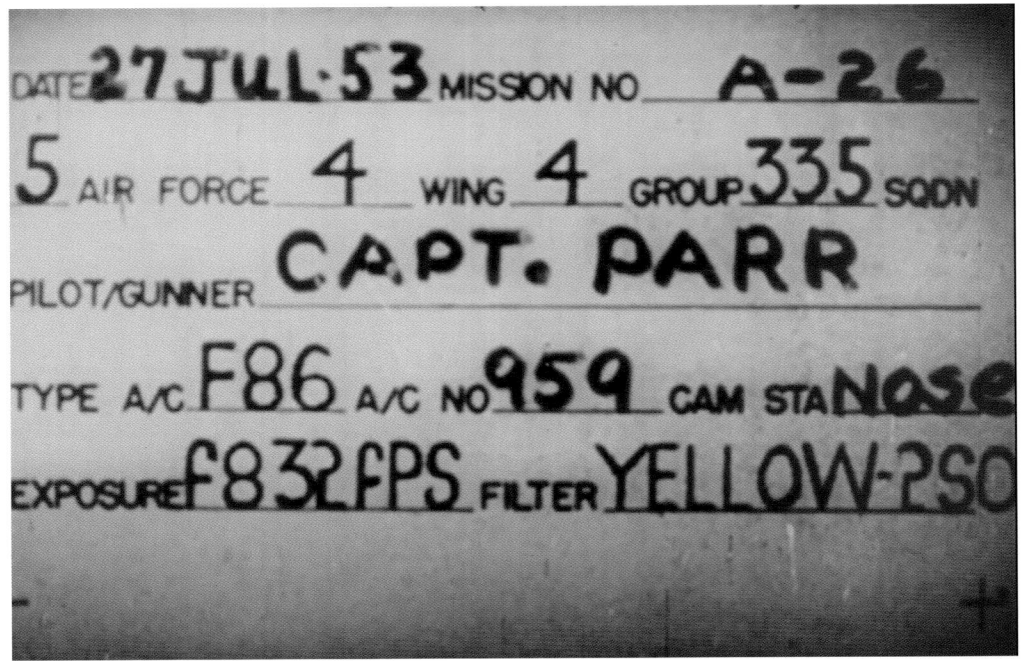

휴전협정 당일도 미군은 폭격을 멈추지 않았다. 1953년 7월 27일, 미 5공군 335전투요격비행대대 소속 파(PARR) 대위가 조종하는 세이버 제트전투기가 작전 중 촬영한 영상이다. 아래는 같이 출격한 B-26의 폭격 장면이다. (RG 342-USAF-20931-r2, NA2)

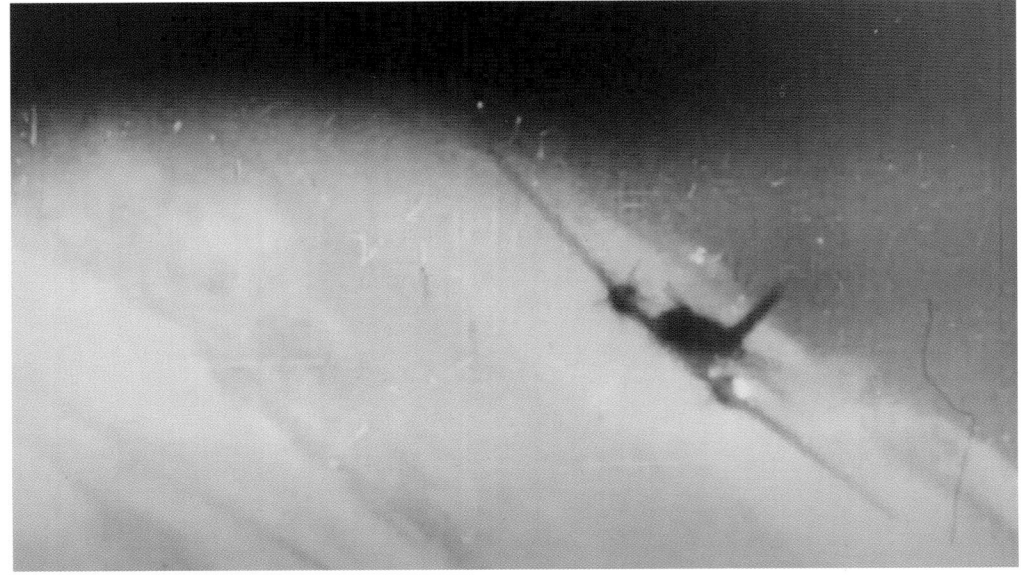

한국탐사저널리즘센터-뉴스타파가 제1기 진실화해위원회의 미군 폭격 사건 조사보고서를 토대로 집계한 민간인 희생 사건은 다음과 같다.

시기(월)	사건명	세부 사건명	희생 규모(명)
1950-7	강원 미군 폭격 사건	강릉 옥계면 현내리 폭격 사건	1
	서울·경기 미군 관련 사건	경기 고양 기총사격 사건	1
		경기 수원 기총사격 사건	1
		경기 평택 기총사격 사건	1
	경남 미군 폭격 사건	사천시 곤명면 봉계리 폭격 사건	1
		사천시 곤양면 서정리 폭격 사건	5
		하동군 양보면 장암리 폭격 사건	11
	경북 미군 관련 희생 사건	구미시 선산읍 원리 새도방 나루터 폭격 사건	5
	울진 미군 관련 희생 사건	울진군 울진읍 연지리 함포 포격 사건	2
	서울·경기 미군 관련 사건	서울 용산 등 미군 폭격 사건 (50.7.~50.9.)	4250
	호남 미군 관련 사건	곡성군 옥과면 수리 미군 폭격 사건	1
		목포 수력발전소 미군 폭격 사건	1
		김제역 폭격 사건	2
		무주군 무주읍 읍내리 미군 폭격 사건	7
	이리역 미군 폭격 사건	이리역 미군 폭격 사건	91
	충청 미군 폭격 사건	대전시 봉곡동·사기막골 미군 폭격 사건	11
		괴산군 도안면 송정리 미군 폭격 사건	2
		청원군 현도면 하석리 미군 폭격 사건	60
1950-8	강원 미군 폭격 사건	강릉 성덕동(병산리) 사건	3
	경북 미군 관련 사건	청송군 현동면 거성리·개일리 폭격 사건	8
	경남 미군 폭격 사건	거창군 거창읍 양평리 폭격 사건	20
		고성군 상리면 오산리 폭격 사건	3
		사천시 사남면 화전리 폭격 사건	3
		사천시 용현면 송지리 폭격 사건	8
		사천시 곤명면 마곡리 폭격 사건	12
		사천시 곤명면 본촌리 폭격 사건	2
		사천시 곤명면 조장리 사건	80

시기(월)	사건명	세부 사건명	희생 규모(명)
1950-8	경남 미군 폭격 사건	사천시 용현면 통양리 폭격 사건	1
		사천시 정동면 풍정리 폭격 사건	2
		사천시 향촌동 폭격 사건	3
		서포면 외구리 오리방천 폭격 사건	9
		마산시 진전면 임곡리 폭격 사건	12
		진주시 한실들판 폭격 사건	1
		진주시 사봉면 봉곡리 폭격 사건	2
		진주시 금곡면 정자리 폭격 사건	1
		진주시 주약동 폭격 사건	50
		진주시 지수면 청담리 폭격 사건	7
		창녕군 장마면 동정리 폭격 사건	1
		창녕군 도천면 논리 니리미둘 폭격 사건	100
	의령 미군 폭격 사건	만천리 폭격 사건	8
		상일리 폭격 사건	27
		정동리·소상리 폭격 사건	15
	경남 함안 미군 폭격 사건	여양리 둔덕마을 폭격 사건	3
		군북면 영운리·하림리 폭격 사건	19
		군북면 원북리 태실마을 폭격 사건	3
		군북면 장지리 남산벌판 폭격 사건	150
		박곡리 큰박실 폭격 사건	6
		법수면 강주리 폭격 사건	8
		사촌리 절골마을 폭격 사건	1
		원북리 어시굴 폭격 사건	4
		월촌리 소자골 폭격 사건	2
	경남 미군 폭격 사건	합천군 합천읍 합천리 폭격 사건	1
	경주 기계천 미군 폭격 사건	경주 기계천 미군 폭격 사건	35
	경북 미군 관련 사건	구미시 금전동 와래천변 폭격 사건	17
		구미시 형곡동 폭격 사건	130
		영덕군 지품면 눌곡리 폭격 사건	13
		청송군 안덕면 성재리 폭격 사건	7
		칠곡군 기산면 노석리 폭격 및 포격 사건	9

시기(월)	사건명	세부 사건명	희생 규모(명)
1950-8	포항지역 미군 폭격 사건	송도해변 폭격 사건	1
		남송리 미군 폭격 사건	7
		북송리 미군 폭격 사건	53
		흥안리 미군 폭격 사건	100
		용한리 해변 미군 폭격 사건	100
		칠포리 폭격 사건	30
	서울·경기 미군 관련 사건	인천 강화 선두리 기총사격 사건	3
	호남지역 미군 관련 사건	광양시 광양읍 인동리 폭격 사건	3
		순천시 서면 선평리 폭격 사건	1
		순천시 해룡면 신성리 폭격 사건	1
		여수시 남면 두룩여해상 폭격 사건	20
		여수시 남면 안도리 폭격 사건	150
		해남군 문내면 선두리 함포 포격 사건	2
		함평군 신광면 미군 폭격 사건	2
		화순군 능주면 관영리 미군 폭격 사건	6
	충청 미군 폭격 사건	충남 홍성군 예산읍 폭격 사건	1
		충남 홍성군 광천읍 폭격 사건	5
	김천·단양 미군 폭격 사건	김천 남면 연봉천 폭격 사건	21
		단양 매포면 매포읍 폭격 사건	10
1950-9	강원 미군 폭격 사건	고성 토성면 청간리 폭격 사건	6
		춘천 효자동 폭격 사건	9
	의령 미군 폭격 사건	상일리 폭격 사건	2
		정동리·소상리 폭격 사건	19
	경남 함안 미군 폭격 사건	군북면 수곡리 폭격 사건	4
		대산면 산서리 폭격 사건	7
		사촌리 절골마을 사건	9
	경남 미군 폭격 사건	진주시 이반성면 장안리 폭격 사건	6
		함양군 수동면 우명리 폭격 사건	1
		합천군 용주면 평산리 폭격 사건	3
		합천군 율곡면 문림리 폭격 사건	2
		합천군 합천읍 서산리 폭격 사건	11

시기(월)	사건명	세부 사건명	희생 규모(명)
1950-9	김천단양 미군 폭격 사건	김천 감천면 무안리 폭격 사건	10
		김천 금릉군 황금동 폭격 사건	7
	경북 미군 관련 사건	영주시 문정동 폭격 사건	4
		영천시 창상동 폭격 사건	4
	울진 미군 관련 사건	울진군 울진읍 읍내리 함포 포격 사건	4
	포항 미군 함포 사건	포항 환여동 함포 포격 사건	100
	포항 미군 폭격 사건	포항 광천리, 방석리 폭격 사건	46
		포항 마북리 폭격 사건	3
		포항 신광면 만석리 폭격 사건	2
		포항 이가리, 월포리 폭격 사건	50
		포항 청하면 유계리 폭격 사건	1
		포항 연일읍 유강리 폭격 사건	10
	월미도 미군 폭격 사건	월미도 폭격 사건	100
	호남 미군 관련 사건	순천시 해룡면 호두리 폭격 사건	2
		남원군 사매면 오신리 폭격 사건	8
		완주군 우전면 태평리 폭격 사건	6
		완주군 조촌면 고랑리 폭격 사건	9
	충청 미군 폭격 사건	대전역 폭격 사건	1
		서천군 판교면 판교임시장터 폭격 사건	100
1950-10	충청 미군 폭격 사건	옥천군 청산면 교평리 노루목재 폭격 사건	40
1950-12	강원 미군 폭격 사건	고성군 고성역 폭격 사건	100
1951-1	강원 미군 폭격 사건	강릉 구정면 어단리 폭격 사건	3
		영월 서면 광전리 폭격 사건	14
		홍천 삼마치 폭격 사건	1000
	경기 미군 폭격 사건	시흥 소래다리 기총사격 사건	1
		시흥군 양상리 폭격 사건	1
		용인 죽전리 현암마을 폭격	9
		용인군 풍덕천리 기총사격 사건	7
		신갈-오산 기총사격 사건	5
		화성 발산리 민가 폭격 사건	7
		화성 안녕리 민가 폭격 사건	1

시기(월)	사건명	세부 사건명	희생 규모(명)
1951-1	예천 미군 폭격 사건	예천군 보문면 산성동 폭격 사건	51
		예천군 감천면 진평리 폭격 사건	26
	호남 미군 관련 사건	나주군 다도면 폭격 사건	11
	충청 미군 폭격 사건	충남 아산시 둔포면 폭격 사건	300
	단양 곡계굴 미군 폭격 사건	충북 단양군 영춘면 곡계굴 폭격 사건	200
	김천·단양 미군 폭격 사건	단양 가곡면 대대리마을 폭격 사건	7
		단양 가곡면 어의곡리마을 폭격 사건	10
	단양 미군 관련 사건	고양리·삼곡리 사건	2
		노동리·마조리 사건	103
		심곡리 사건	4
1951-2	경기지역 미군 폭격 사건	남양주 내곡리 민가 기총사격 사건	1
	경북 미군 관련 희생 사건	의성군 금성면 제오리 폭격 사건	17
1952-9	호남 미군 관련 희생 사건	보성군 회천면 객산리 미군 폭격 사건	1
1953-5	서울·경기 미군 관련 사건	인천 춘의도 기총사격 사건	1

출판 일지

2021.7.27.	뉴스타파, 한국전쟁 정전협정 68주년 맞아 <당신이 보지 못한 한국전쟁> 3부작 4K 다큐멘터리 영상 공개
2021.10.26.	한국전쟁 다큐 기반 책 출판TF 결성 첫 번째 회의, 다큐 연출 김용진 대표, 해외 사료 수집 전갑생 전문위원, 편집 담당 조연우 국장 참여
2021.11.3.	두 번째 회의, 기초 자료 업로드 및 파트별 분류 작업
2022.2.12.	구성안 및 목차 초안 작업
2022.2.15.	세 번째 회의, 해외 수집 자료 공유
2022.5.12.	네 번째 회의, 출판 일정 논의
2022.5.18.	다섯 번째 회의, 추가 수집 자료 공유 및 수록할 사진 정리 작업
2022.6.9.	초고 작성 돌입
2022.7.	김용진 대표, 전갑생 전문위원, 최윤원 팀장 한국전쟁 사료 수집 및 인터뷰 위해 미국 출장
2023.2.16.	한국언론진흥재단 출판지원사업부문 공모 지원
2023.3.20.	도서 출판 기획안, 한국언론진흥재단 출판지원작으로 선정
2023.3.31.	여섯 번째 회의, 책 구성을 미군의 초토화 폭격에 집중하기로 하고 목차 재정리, 출판 목표 6월 30일로 설정
2023.4.27.	일곱 번째 회의, 전체 구성안 확정
2023.5.16.	여덟 번째 회의, 최윤원 데이터팀장 출판TF 합류
2023.6.15.	아홉 번째 회의, 사진 최종 정리 및 초고 마무리 작업
2023.6.24.	<당신이 보지 못한 한국전쟁, 초토화 폭격> 초고 완성
2023.6.26.	탈고 작업 지연으로 출판 목표일 7월 31일로 변경
2023.6.27.	열 번째 회의, 1차 원고 편집 및 교정교열
2023.6.30.	열한 번째 회의, 2차 교정교열
2023.7.5.	열두 번째 회의, 1차 내지 편집 논의
2023.7.8.	열세 번째 회의, 2차 내지 편집 검토
2023.7.9.	3차 내지 편집본 공유 및 검토
2023.7.12.	열네 번째 회의, 표지 디자인 확정
2023.7.14.	인쇄소에 파일 전달, 샘플북 제작
2023.7.17.	샘플북 수령, 마지막 검토회의
2023.7.19.	최종 파일 완성, 인쇄소 전달
2023.7.21.	인쇄, 제본 시작
2023.7.31.	도서출판 뉴스타파 출간 다섯 번째 책, <당신이 보지 못한 한국전쟁, 초토화 폭격> 상재